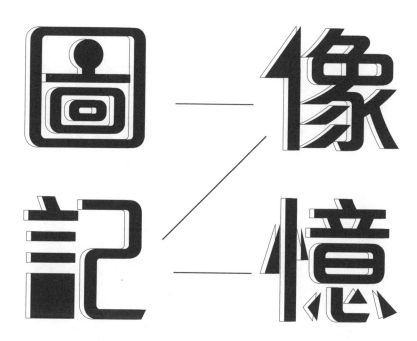

圖像記憶

顛覆人生的超高效記憶術

張海洋 著

非凡出版

\前言/

用圖像的方式記錄世界

● 生動的圖像是未來信息記錄的主要趨勢

在以前，一個人去世之後，他留下來的，通常只有墓誌銘（很多人甚至連墓誌銘都沒有），他的生平究竟是怎樣的，後人很難再看到。

當然，也有些名人，他們留下了自傳，或者由其他人用文字記錄了一些相關的故事，然而文字記錄畢竟跟真實的人生有一定差距。

現在科技進步了，人人都可以拍攝一些照片，供親友懷念。然而，照片畢竟只能展示某些瞬間，難以看到一個人生活的全貌。

在不久的將來，網速會繼續提升，儲存空間也會變得無限大，人們可以很方便、很輕鬆地把自己人生的各個階段，學習、生活、工作等各種片段的影片上傳到雲端，這樣一來，每個人一生的經歷，都大致可以保存下來，供後人思念甚至研究。

我們很容易就能推想：隨着時代的前進、科技的發展，我們留給世界的，更多的不是聲音、不是文字，而是圖像——生動活潑、真實的圖像！

我們的生活片段，與親人、朋友甚至敵人相處的場景，我們工作、開會、娛樂、鬥爭的場景，甚至我們的思想、創作、理論，都可以通過影片和圖像的方式記錄下來，上傳到雲端，以此記錄我們的一生。親友想要懷念我們，可以找到我們的視頻，瀏覽我們人生的點滴。後人如果想要研究我們的成長歷程，也可以打開我們的影片，尋找影響我們成長的關鍵時刻。

　　或許，科技再進步一些，地球上的每個人、每隻動物、每株植物甚至每個物體，全都會自動以影片和圖像的方式被記錄下來（當然，你也有選擇遮罩的自由），並隨時上傳到雲端。當你想要了解某個人的時候，通過搜索技術，你就能看到他的整個人生（當然，有很多地方需要密碼）。

　　科技的發展，必將讓整個世界都以圖像的方式保存下來，每個人、每件事都可能清清楚楚地暴露在陽光之中，無所遁形。

　　我們希望在雲端裏所儲存的關於自己、關於他人、關於世界的信息，主要是生動活潑的圖像。那麼，我們在大腦裏所保存的各種知識，是不是也應該以圖像為主呢？

● 學習的本質是透過文字把握圖像

　　其實，我們在進行文字學習的時候（例如，閱讀本書的時候），真正要學的，不是文字本身，而是文字背後所蘊含的圖像。透過文字，去把握其背後的圖像，這才是真正有效的學習，也是學習的本質。

　　學習的時候，眼睛看到的是文字，但是，真正能讓我們理解和記住的，其實是腦袋內形成的豐富圖像（畫面）。如果不是有意識地去想圖像，而是單純地把文字讀很多遍，恐怕也難以理解文字究竟說的是甚麼。

　　我試圖通過本書讓大家明白：圖像記憶是人人都擁有的優勢記憶方式，只要善於運用圖像記憶，我們就能夠像看電視、看電影那樣，擁有過目不忘的記憶能力！

　　可以想像的未來：以圖像記憶的方式來學習，我們的記憶力、理解力、專注力都會有很大的改善，我們的學習效率、工作效率會不斷提高，整個社會的生產力也因此得到很大提升。

　　從這個意義上來說，把圖像記憶的威力徹底釋放出來，將會引發記憶方式、大腦使用方式乃至整個社會學習和教育方式的變革！

目錄

chapter 01

原理篇

我們的大腦最喜歡的是圖像信息

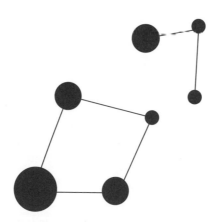

大腦學習鏈──
學習規律的完美表達

● 學習與記憶三元素：文字、聲音、圖像

大腦很複雜，功能很強大。要把大腦說清楚，不是一件容易的事情。然而，如果從信息種類的角度來看，大腦其實也很簡單。

靜下來，觀察一下自己的大腦，看看我們的大腦在不斷運轉的過程中，會湧現出怎樣的信息。你會發現數不清的信息轉瞬即逝，此起彼伏，紛繁複雜，但是，如果把這些信息進行歸類，你會輕鬆地發現，大腦裏常常湧現的信息主要有三種。

無論你現在是坐着、站着，或是躺着，你睜開眼睛往四周一看，或許你會看到書本、書桌、電腦、沙發等等，你所看到這些身邊的具體物品，都可以歸類為圖像信息。

當你在閱讀手中這本書的時候，你看到的是文字信息。文字信息跟圖像信息的不同之處在於，文字信息本身並不是具體的物品，它們原本是抽象的符號，只是我們賦予了它們特定的含義。

當你在看一段文字的時候，你的眼睛看到的是文字，但是你肯定忍不住會把文字默念出來，這個時候，你腦海中出現的就是聲音信息。

文字、聲音、圖像，這就是我們大腦裏常見的三種信息。

大腦裏的信息是從哪裏來的呢？主要是通過眼睛和耳朵這兩大器官採集而來的。眼睛採集的是外在世界的具體圖像，以及書本中的抽象文字；耳朵採集的是聲音。通過眼睛和耳朵採集到的信息，會不斷地在腦海中翻滾，成為學習和記憶的主要形式。

　　孩子們在還不認識字的時候，主要是學說話，認識身邊的人與物，學會這些人與物的名稱，例如爸爸媽媽、粥炒麵飯等。那個時候，他們大腦中的信息通常就只有圖像和聲音這兩種。當他們開始學認字、進行系統的文字學習了，文字信息就會加入進來。

　　當然，我們的大腦裏還有味覺、嗅覺、觸覺等信息，但這些信息跟文字學習的關係不大，所以我們就不作討論了。

● 大腦學習鏈

　　當我們在學習的時候，例如在閱讀本書的時候，這三種信息是怎樣運作的呢？

　　首先，我們眼睛看到的是文字。看到文字的時候，每個人都會忍不住去讀（很多時候是默讀），這個時候聲音信息就會出現在大腦裏。聲音出現之後，圖像很有可能也會跟着出現。例如，看到「蘋果」這個詞的時候，我們會忍不住默讀 ping4 gwo2，然後腦海中還會浮現出蘋果的圖像。

　　文字、聲音、圖像這三種信息出現的順序，就構成了我們的大腦學習鏈（見圖1-1）：

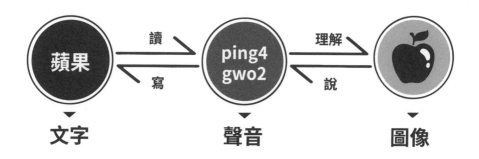

圖1-1 大腦學習鏈

大腦雖然很複雜，但是，如果只是研究學習的過程，大腦學習鏈就能把大腦學習的規律表達清楚了。

學習，主要指的是對文字的學習（中小學的各種科目，大學的專業課本，成年人閱讀的各種書籍）。文字學習的過程，就是看到文字符號，大腦立刻反映出讀音（即聲音信息），接着再浮現出圖像。

從文字到聲音，這個環節就是「讀」；從聲音到圖像，這個環節就是「聽」，聽懂了，就是理解；看到圖像繼而發出聲音，就是「說」；把聲音所對應的文字寫出來，就是「寫」。

「讀、聽、說、寫」這四個學習的點，就存在於「文字、聲音、圖像」這三者的相互關係之中。其中，「聽」的環節（從聲音到圖像的環節）是非常重要的，因為，「理解」和「記憶」這兩大學習過程主要都跟這個環節有很大關係。

讓你過目不忘的是圖像

• 聲音的意義是圖像賦予的

文字、聲音、圖像這三種信息，大腦最喜歡的是圖像信息。

為甚麼大腦喜歡圖像？因為我們生活的世界，我們想要認識的這個世界，主要就是以圖像的形式呈現在我們眼前的。而聲音和文字，是人類為了認識這個世界而加上去的信息，這些信息原本是沒有意義的，是圖像賦予了它們意義。

我們剛降臨這個世界的時候，睜開眼睛所看到的一切，都是圖像，例如爸爸媽媽、蘋果香蕉，這些圖像是真實存在的，等待着我們去認識和了解。為了傳遞認知的經驗，為了能進行有效的交流，我們就給每一種具體的圖像加上了一個聲音標籤。

例如，牙牙學語的時候，看到一個蘋果，爸爸媽媽就會指着它對孩子說「ping4 gwo2、ping4 gwo2」。經過多次重複之後，孩子看到蘋果，自然就會張嘴發出「ping4 gwo2」的聲音。等到有一天，孩子想吃蘋果了，嘴裏發出「ping4 gwo2」的聲音，爸爸媽媽腦海中就會出現蘋果的圖像，然後很快就有一個蘋果遞到孩子的手中。

「ping4 gwo2」這個發音原本是沒有意義的，但是當它跟現實中的蘋果圖像緊密聯繫在一起之後，就產生了意義。之後，人們在交流的時候，不需要拿出一個真正的蘋果，只需要在嘴裏發出「ping4 gwo2」的聲音，其他人自然就會明白甚麼意思。全世界的蘋果都是一樣的，但是，每個地方的人們，給蘋果賦予的聲音可能是不同的。例如美國人、日本人、韓國人，對蘋果的發音也不同。蘋果還是那個蘋果，不同地方的人群對它賦予了不同的聲音。因此我們很容易理解，聲音原本是沒有意義的，只是因為它們依附於特定的圖像，所以才有了意義。

● 文字的意義是聲音賦予的

文字、聲音、圖像這三種信息，首先對我們有意義的是圖像。我們小時候，為了與人交流，更好地認識這個世界，所以學習了聲音體系，把聲音體系聯結到圖像體系之中。因此，聲音是第二種對我們有意義的信息。接下來，發現聲音也滿足不了交流和學習的需求了，為了把我們對這個世界的認知更有效地傳遞出去，人類就發明了文字體系。

等我們到了上小學的年齡，到學校學習，其實學的就是文字體系。文字本身就更沒有意義了，它的意義是聲音賦予的。也就是說，我們為了更好地認識這個世界的圖像，需要先學聲音；發現聲音的交流效率還不夠高，又在聲音的基礎上進一步去學文字。我們在學習文字的時候，首先學習和記憶文字的發音，通過反覆練習，久而久之，一看到這個文字，大腦裏立刻就會條件反射地反映出相應的讀音（大部分情況下是默讀）。例如，看到「折戟沉沙鐵未銷」這句詩的時候，不管能否想像到這句詩的圖像，至少文字對應的聲音是先出來了。

我們在看一段文字的時候，聲音是緊接着文字出現的，當我們會讀某個字的時候，往往也就預設為我們認識這個字了。因此可以說，文字的意義是聲音賦予的。而聲音本身是沒有意義的，只有圖像是有意義的，所以，文字與真正有意義的圖像之間，其實是隔着一層聲音信息的。文字的學習，能不能穿透聲音的阻攔，直達背後的圖像，這就成為影響我們學習效率最重要的因素。

● 人人都有過目不忘的驚人記憶力

很多人覺得自己的記憶力差，學過的知識記不住。這通常是指文字方面的學習而言。事實上，除了文字學習，在其他方面，人們的記憶力往往相當驚人。

例如看電影，看完一遍一部好看的電影之後，你很長時間都不會忘記。有些電影，當初只看了一遍，中間並沒有複習，雖然已經過去好幾年了，但電影的情節仍然歷歷在目。這就是過目不忘的驚人記憶力！

看連續劇也一樣，許多好看的連續劇，時間橫跨幾個月甚至幾年，但人們從第一

集追到最後一集，看完大結局之後，再回過頭來想，前面幾十集的內容基本上都還記得。

為甚麼看電影、電視的時候，我們的記憶力就很好呢？因為大腦喜歡的是圖像。只要是生動活潑的圖像，大腦就非常容易吸收和保存。上天為了讓我們輕鬆地認識這個世界，給我們的大腦賦予了一種能力，就是對圖像信息的吸收效率特別高！

其實不僅看電影、電視是如此，即使是文字，如果寫的是生動有趣的故事，例如讀小說，也同樣能達到讓人過目不忘的效果。一本好看的小說，從頭到尾，幾十萬字，看完一遍之後，整個故事的前因後果、各種跌宕起伏的情節，都非常清楚地印在你的大腦之中。

小說是以文字為載體的文學作品，為甚麼我們也同樣能輕鬆吸收信息並形成長久而深刻的記憶呢？原因很簡單，因為在看小說的時候，我們記住的不是文字符號本身，而是文字描寫背後的圖像——當然，這些圖像是我們根據文字自行想像出來的，效果其實跟看電影差不多。

讓你過目不忘的是圖像，尤其是生動活潑的圖像。根據這個原理，如果我們所看的文字，是描寫生動有趣的故事，那麼，自然就能輕鬆記憶。但是，如果文字描寫的是抽象枯燥的內容，圖像感不鮮明、缺乏故事吸引力，當然就很難記住了。這個時候，我們就需要用到圖像記憶法。

圖像記憶法的原理，就是把任何要學習和記憶的資料，盡可能轉化為生動活潑有趣的圖像，讓我們能像看電影那樣進行記憶，那麼，學習和記憶的效率自然能提升幾倍甚至幾十倍！

聲音與圖像——人們習慣死記硬背卻對過目不忘視而不見？

● 我們生來就被賦予了強大的圖像記憶能力

在對文字的學習過程中，記憶的方式主要是兩種：聲音記憶與圖像記憶。甚麼是聲音記憶呢？就是讀很多遍，但是腦海中沒有圖像，只有聲音。例如《千字文》裏的這句：「金生麗水，玉出昆岡。劍號巨闕，珠稱夜光。」[1] 許多小朋友都能背，但很可能他們腦海裏沒有金、玉，也沒有劍、珠的印象。這種記憶方式，也就是我們常說的「死記硬背」。

圖像記憶要求腦海中要有豐富生動的圖像。例如我們看到《終南別業》裏的這句：「行到水窮處，坐看雲起時。」可以慢慢進入到作者所描繪的畫面中，想像自己跟隨流水一路前行，到達流水的盡頭之後，坐下來靜靜地欣賞天邊的雲起雲湧。在豐富的圖像之中體會作者想表達的意境，獲得情感的共鳴。

聲音記憶與圖像記憶，哪個效果更好呢？聲音記憶的黃金期，是人們從出生一直到十歲左右。這個階段是學習語言的黃金時期。十歲之後，大部分人的聲音記憶能力開始下降，記憶效率愈來愈差，很多內容即使讀了許多遍，也記不下來。當然，具體到每個人會有一些差異，聲音記憶能力開始下降的年齡不一定相同，下降的速度也不一樣。

圖 1-2 表明了「語言學習關鍵期」的規律，從出生到三至七歲階段，是對聲音最敏感的階段，可以很輕鬆地把無意義的聲音記住，因此也是學習語言的最好階段。過了三至七歲階段之後，聲音記憶的能力就會開始下降。八至十歲階段，聲音記憶能力還算可以，過了這個階段，就會比較吃力了。所以，十歲之後如果還是主要依靠聲音

---

[1]　王財貴著：《孝弟三百千》。廈門：廈門大學出版社，2003 年。

記憶進行死記硬背，記憶效果就會愈來愈差。

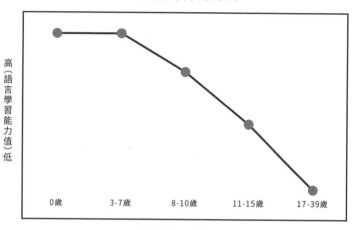

圖 1-2 語言學習能力與年齡對照圖

　　圖像記憶的規律跟聲音記憶有所不同。圖像記憶的能力也是在兒童時期最強，嬰兒來到世間，睜眼看世界，生來就被賦予了強大的圖像記憶能力。而人類對世界的學習和認知是一個漫長的過程，貫穿終生，因此圖像記憶能力會一直持續。所以我們直到成年之後甚至是老年時期，圖像記憶的能力仍然非常強大。比如看完一部電影，我們仍然可以清楚地記得裏面的故事乃至細節。這就說明圖像記憶的能力更長久，且不容易下降。

● 文字的學習，除了有聲音，還需要有圖像

　　對文字的學習，離不開聲音和圖像。例如我們學習《論語》裏的這句：「直錯諸枉，能使枉者直。」[2] 當你看到這句話的時候，肯定會忍不住讀一遍（默讀），這時，腦海裏迴響的是聲音。你希望把這句話記住，那就需要默讀好幾遍，直到能順利背出來為止。這個時候，你運用的就是聲音記憶（也叫「死記硬背」）。而圖像記憶，就

---

[2] 陳曉芬譯注：《論語》。北京：中華書局，2016 年。

是圍繞這句話去想像畫面是怎樣的。樊遲想不出相應的圖像，就去請教子夏，子夏給出的圖像描述是這樣的：「舜有天下，選於眾，舉皋陶，不仁者遠矣。湯有天下，選於眾，舉伊尹，不仁者遠矣。」

當我們有了生動的圖像之後，這句話的含義就好理解了，記憶起來也就更容易了。這就是圖像記憶。根據前面我們總結的「大腦學習鏈」，看到文字之後，每個人都忍不住會去讀，這已經形成了牢固的條件反射，文字跟聲音幾乎是捆綁在一起了。所以，聲音記憶這個環節，是很難去除的，而且也沒有必要去除。關鍵是，有了聲音之後，接下來要進一步去想相關的圖像，才能完成真正有效的學習。否則，即使是死記硬背背下來了，也只能應付考試，很難運用到實際生活中去。

• 聲音與圖像是亦敵亦友的關係

正如聲音是為了有效傳達和交流圖像信息，文字的作用，也是為了對圖像進行有效的傳遞。例如杜甫的這首《江畔獨步尋花》：「黃四娘家花滿蹊，千朵萬朵壓枝低。留連戲蝶時時舞，自在嬌鶯恰恰啼。」[3] 這是杜甫看到了鄰居黃四娘家繁花似錦的場景，據此而形成的詩意的文字。

圖 1-3　《江畔獨步尋花》塗鴉記憶示意

我們讀詩、欣賞詩歌，就是透過精煉而優美的詩意文字，重建詩人當時眼所見、耳所聞的全息圖像，這其中同樣的喜悅心情將被喚起，實現跨越時空的情感共鳴。如果我們只是死記硬背，讀了好多遍，即使最後背下來了，但是腦海中卻沒有

[3]　顧青譯注：《唐詩三百首》。北京：中華書局，2016 年。

細細去構想相關的圖像、畫面，先不說效率低下，還完全失去了學習的意義。

很多人之所以經常用死記硬背的方式學習，是因為他們不明白，能背出來，並不代表學習的結束，只有把文字背後的圖像想清楚、想明白，才是真正有效的學習。有這樣一句大家都很熟悉的話，「讀書百遍，其義自見」。其實，讀很多遍，文字的含義也不一定會自己跳出來，需要自己去想圖像才行。但是，讀得多了，接觸得多了，很有可能會比較容易想出圖像。因此，多讀也是有作用的。但是，能否理解含義，關鍵還是在於圖像。對文字的學習中，聲音與圖像亦敵亦友，貫穿整個學習的過程。能有效處理好聲音與圖像之間關係的人，往往能獲得很好的學習效果。

● 擺脫艾賓浩斯遺忘曲線的束縛，圖像決定了遺忘的速度

如下圖所示，「艾賓浩斯遺忘曲線」體現的是我們的遺忘規律，記住的知識很快就會逐漸忘記，需要及時複習。很多人會根據「艾賓浩斯遺忘曲線」來進行複習，或者打算根據這個遺忘曲線來複習但卻沒有執行的毅力。

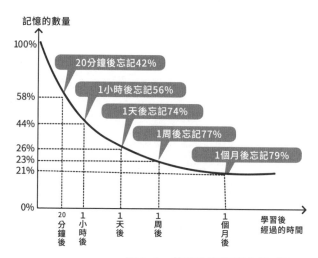

圖 1-4　艾賓浩斯遺忘曲線（Forgetting curve）

其實，圖1-4遺忘曲線，是針對無意義音節的遺忘規律，而我們通常所學的知識，都是有意義的。艾賓浩斯還用散文和詩作為實驗材料，得出了遺忘速度不一樣的曲線：

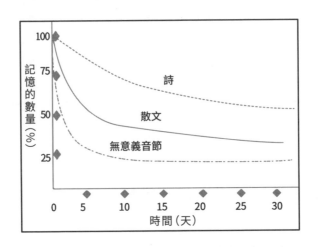

圖1-5　散文和詩的艾賓浩斯遺忘曲線

為甚麼無意義音節的遺忘速度最快，散文的遺忘速度就慢一些，而詩的遺忘速度就更慢呢？

原因就在圖像上！

無意義的音節，完全沒有圖像，純粹是聲音記憶，當然忘得快。而散文就有一些圖像了，所以遺忘得慢一些。詩的圖像比散文更豐富，遺忘速度自然會更慢。所以，記憶效果其實主要取決於圖像！

散文和詩，如果我們懂得運用圖像記憶的方法，腦海中的圖像更豐富、更生動，就像看電視電影那樣，那麼，遺忘的速度完全可以比上面的曲線更慢。對於無意義的音節，如果我們能運用圖像記憶的技巧，給它們賦予一些圖像感，也完全可以改變遺忘的速度。

因此，懂得運用圖像記憶方法，遺忘的速度就能擺脫「艾賓浩斯遺忘曲線」的束縛，記憶效果完全由自己掌控，想像的圖像愈生動有趣，記憶效果就會愈好！從今天

開始，讓我們忘掉「艾賓浩斯遺忘曲線」吧！把重點放在圖像上，運用自己神奇的大腦，去創造生動活潑的圖像。我的記憶，我做主！

● 高效率圖像記憶：打破「七」的詛咒

83792504926103098143267045392704721955387

像上面這一組沒有規律的數字，就相當於是無意義的音節，在不懂記憶方法的情況下，通過多次重複讀或者默讀把它背下來，這就是純粹的聲音記憶。

「明月松間照，清泉石上流。」這雖然是文字，但是很容易能透過文字看到一組靜謐祥和、令人神往的畫面。這就是圖像記憶了。

心理學家研究表明，人們在記憶無意義信息的時候，短期記憶的容量通常在七個左右，超過七個就很難一次記住，需要重複多遍。例如八個數字的手機號碼，很多人需要讀幾遍才能勉強記下來，而記住之後，很快又會忘記。

相比而言，我們看小說、看電視，可以連續看很久，不需要每七個字或者每七秒鐘就回看兩三遍。看完之後，很長時間都不容易忘記。

因此，從短期記憶容量上來看，圖像記憶至少可以達到聲音記憶的一百倍以上。而從遺忘的速度來看，圖像記憶比聲音記憶又慢了很多。可以說，圖像記憶比起聲音記憶，不僅記得多、記得快，而且記得牢。

所以，當我們進行文字學習的時候，遇到那些需要記憶的資料時，盡可能地多運用圖像記憶，盡可能讓我們大腦中的圖像更生動、更有趣，這樣就能大大提升記憶效率。

從低效率的聲音記憶，轉變為高效率的圖像記憶，這就是提升記憶力的真正秘訣！

chapter 02

方法篇

圖像記憶具象四法與抽象三法

想像與畫圖——
動腦動手玩起來

● 以文字描述為起點，自由放飛想像

根據「大腦學習鏈」，文字要轉變為圖像，才是真正有效的學習。圖像記憶法，就是把文字信息以及各種抽象信息（例如數字）轉化為生動活潑的圖像，從而大大提升記憶效率的方法。

圖像記憶法的運用，需要我們對學習資料展開想像，想像的畫面愈生動有趣，記憶效果就愈好。這其實就跟看電影一樣，電影情節愈生動、愈有吸引力，記憶的印象就愈深刻。

但是對於已經習慣了死記硬背的人來說，最重要的，還不是如何讓想像更生動，而是要養成想像的習慣——能根據文字把相應的畫面想出來。

例如這首詩：

終南別業 [1]
〔唐〕王維

中歲頗好道，晚家南山陲。

興來每獨往，勝事空自知。

行到水窮處，坐看雲起時。

偶然值林叟，談笑無還期。

有些內容，本來畫面感就很強，不需要特別去想，大腦裏會自然浮現出圖像，就例如「行到水窮處，坐看雲起時」。

有些內容，有畫面感，但不是那麼生動，需要進一步去展開想像，例如「偶然值林叟，談笑無還期」這句。有些人腦海中可能會出現一個老頭（「林叟」）的畫面，但卻沒有去想像作者跟護林老叟之間談笑風生直到太陽下山的畫面。

而前面的兩句：「中歲頗好道，晚家南山陲。興來每獨往，勝事空自知。」這兩句相對抽象，許多人能明白其含義，但卻沒有認真去想畫面，這樣記憶的印象就會淡許多。

怎樣去想像畫面呢？「中歲頗好道，晚家南山陲。」「好道」是怎樣的畫面？可以這麼來想像：

王維大約三四十歲的樣子，每天早上起來打太極，但是因為工作很忙，每天只能打幾分鐘，所以退休之後，乾脆就把家搬到了終南山，每天都有很多時間可以在大樹底下打太極。

有了這樣的畫面，記憶的印象就比較深了。

「興來每獨往，勝事空自知。」這句詩，大部分人都是知道意思，但卻沒有畫面。

. . . .

[1] 顧青譯注：《唐詩三百首》。北京：中華書局，2016 年。

我們在運用圖像記憶法的時候，就可以給這樣的內容加上生動的畫面。例如，可以想像：

> 王維某天早晨起來沒事幹，突然很想到山頂上去看看，於是背上了行囊，獨自一個人就出發了。走到半山腰，突然看見一片花海，景色令人陶醉，很可惜這麼美的地方沒有其他人知道。

王維所經歷的「勝事」是甚麼，誰也不知道，但是我們可以根據自己的喜好來設想一個吸引人的場景，這樣大腦中就有生動的畫面了。

文學也好，各科專業知識的學習也好，只要是文字，想像出圖像，就能更好地理解和記憶。

圖 2-1　《終南別業》塗鴉記憶示範

● 以畫圖為手段，把大腦裏的畫面整理後固定下來

當我們把文字在大腦裏轉化為圖像的時候，可能有很多畫面一閃而過，混亂之中也不一定能抓住重點。這個時候，可以嘗試用畫圖的方式，把我們想像的畫面固定下來。

次北固山下[2]
〔唐〕王灣

客路青山外，行舟綠水前。
潮平兩岸闊，風正一帆懸。
海日生殘夜，江春入舊年。
鄉書何處達？歸雁洛陽邊。

圖 2-2　《次北固山下》塗鴉記憶示範

首先，根據詩文展開想像，或許我們會想到各種畫面，然後再認真想想，哪些畫面更符合原文所表達的意思，最後，把想好的畫面畫下來，就成了下面這幅圖（感興

[2] 顧青譯注：《唐詩三百首》。北京：中華書局，2016 年。

趣的朋友，也可以根據自己的喜好，用顏色筆給這幅圖添上顏色、加深印象）。

諸葛亮的《誡子書》[3]，是一段不長的古文：

夫君子之行，靜以修身，儉以養德。非淡泊無以明志，非寧靜無以致遠。夫學須靜也，才須學也，非學無以廣才，非志無以成學。淫慢則不能勵精，險躁則不能治性。年與時馳，意與日去，遂成枯落，多不接世，悲守窮廬，將復何及！

圖 2-3　《誡子書》理解提示圖

對於這段文字的畫面想像，古文比現代文難理解，需要更多的時間，但這個工夫值得，因為一旦理解之後，我們畫圖的時候就可以靈活處理，變繁為簡了。下面這個例子可以供大家參考：

像《論語》這樣的經典，大部分段落都不是很長，學習的時候如果能盡量畫圖，在畫圖之中慢慢領悟，這樣的學習效果會更好。例如下面這三段：

子曰：「學而時習之，不亦說乎？有朋自遠方來，不亦樂乎？人不知而不慍，不亦君子乎？」（《學而》）

曾子曰：「吾日三省吾身：為人謀而不忠乎？與朋友交而不信乎？傳不習乎？」（《學而》）

[3]《語文七年級上冊》。北京：人民教育出版社，2016 年。

子曰：「吾十有五而志於學，三十而立，四十而不惑，五十而知天命，六十而耳順，七十而從心所欲，不逾矩。」（《為政》）

圖 2-4　《論語》三則理解提示圖

畫圖記憶是圖像記憶法中非常重要的一種方法，它的應用面很廣泛，只要不是特別抽象的文字內容，都可以運用畫圖記憶法。畫圖記憶法的運用，重點不是把圖畫得很好看（圖主要是給自己看的），而是通過畫圖這種形式，把自己大腦裏想像的畫面進行整理，然後形成一組比較穩定的畫面，這樣記憶的效果就會更好。

想像是圖像記憶的基礎，
聯想是運用圖像記憶的核心

想像是圖像記憶的基礎，把記憶物件的畫面想出來，圖像記憶法才能運用起來。但是，僅僅有圖像是不夠的，圖像之間需要有相互關聯才行。

例如這樣一組詞語：

長江	寶劍	蘋果	袋鼠	手機
老虎	西瓜	蜜蜂	森林	兔子
石頭	核桃	神仙	瓶子	太陽

死記硬背（聲音記憶），先讀第一排，讀幾遍，記住了，然後讀第二排，記住了再讀第三排。然而在讀到第三排的時候，就會發現，第一排的又忘了。這說明了聲音記憶的低效率。

圖像記憶法的運用，首先要求我們把這些詞語的圖像想出來，例如「長江」「寶劍」等，都可以有很清晰的畫面⋯⋯

圖 2-5　十五組無關聯詞語的畫面想像

但是你會發現，僅僅把圖像想出來，還是記不住，因為運用圖像記憶法，真正讓我們能輕鬆記住的，是生動、活潑、前後有關聯的圖像，而不是靜止的畫面。

如果要把上面那組詞語一併記住，就需要進行類似這樣的聯想（請跟隨着下面的文字展開想像）：

長江裏飛出一把寶劍，寶劍砍下了一個蘋果，蘋果掉下來砸中了袋鼠，袋鼠從口袋裏掏出一部手機給老虎打電話，老虎正在吃西瓜，從西瓜裏飛出一隻蜜蜂，飛到森林裏面，森林裏有一隻兔子，兔子拿起一塊石頭，砸開了一個核桃，從核桃裏蹦出一個神仙，神仙拿出一個神奇的瓶子，瓶子把太陽收進去了。

好了，如果你剛才在跟着文字來展開想像，現在不妨閉上眼睛，回憶一下，看看是否能夠把這十五個詞語全都按順序回憶出來？

　　像這樣的想像，是有動作、有故事、前後有關聯的，這樣才能輕鬆地把資料記住。

　　想像，是針對文字本身來想圖像，並沒有加入額外的東西。例如「長江、寶劍」，就是想到長江和寶劍的畫面，相互之間沒有聯繫。

　　而聯想，則是在想像的基礎上，進一步加入額外的動作、故事、邏輯等，把原本不相關的圖像聯結起來。例如「長江、寶劍」，可以想像成「長江裏飛出寶劍」（加入了「飛出」這個動作），或者想像成「很久很久以前，長江裏埋藏着一把寶劍」（加入了故事情節），或是「長江水把寶劍從上游沖到了下游」（加入了簡單的邏輯）。

　　想像，是圖像記憶法運用的基礎。而聯想，則是圖像記憶法運用的核心。

　　當我們面對需要記憶的資料時，把資料從前到後聯想起來，有很多種技巧，這些技巧就構成了具體的圖像記憶方法。常用的圖像記憶方法有：對應聯想、串聯聯想、情景聯想、關鍵字聯想、簡化法、定椿法（主要包括身體椿、人物椿、語句椿、數字椿、地點椿）等。

　　接下來，在下一節裏我們將逐一介紹這些圖像記憶方法的具體運用。

具象信息的圖像化

● 對應聯想：以動作、故事緊密聯結

對應聯想，是指在任意兩個信息之間，通過聯想把它們緊緊地聯結起來。

任何兩個毫無關聯的信息，都可以通過加入額外的動作、故事等方式把它們緊密地聯想起來。

例如：老鼠—飛機
老鼠跟飛機，本來毫無關聯，但是我們可以通過發揮想像力，讓它們產生各種聯繫：

老鼠啃壞了飛機；

老鼠開飛機；

老鼠跳上了飛機；

老鼠從飛機上跳了下來；

老鼠舉起了飛機；

老鼠在造飛機；

…

圖 2-6　對應聯想示意

人類的想像力是無限的，任何兩個信息之間，都可以創造出許多種不同的聯想。

在記憶一些簡單常識的時候，對應聯想法就能派上用場。

世界最長的河——尼羅河
聯想：最長的河在流淌的時候，會帶走很多泥和螺（「尼」和「羅」的普通話諧音）。

世界最大的群島——馬來群島
聯想：最大的群島面積很大，可以容納一群一群的馬在上面奔跑。

世界最小的洋——北冰洋
聯想：最小的洋，也叫作「baby 洋」（「北冰洋」的普通話諧音）。

世界最大的盆地——剛果盆地
聯想：最大的盆子裏裝滿了堅果（「剛果」的普通話諧音）。

● 串聯聯想：依序串聯成一個小故事

對應聯想，是指兩個信息之間的聯想。而串聯聯想則是把三個或三個以上的信息從前到後聯想起來。

例如：鸚鵡、鑰匙、大門
聯想：鸚鵡嘴裏叼着鑰匙，打開了大門。

信息多的時候，需要注意的是，要保持圖像的先後順序，以免混淆。

例如：鑰匙、鸚鵡、大門
如果這樣聯想：鑰匙被鸚鵡叼着打開了大門。

從文字上看，「鑰匙」出現在「鸚鵡」前面，但是從想像的畫面來看，我們看到的就是鸚鵡叼着鑰匙，因此在回憶的時候，順序可能會出現錯誤。

可以這樣來聯想：我把鑰匙扔給了鸚鵡，鸚鵡打開了大門。

串聯聯想對於訓練我們的想像力、聯想能力有很大的幫助。

我們來進行一組詞語的串聯聯想練習：

北京	森林	神仙	美麗	神話	豆芽
鞦韆	醫生	埃及	輪船	唐詩	韓國
嫦娥	飛快	靜止	喇叭	長城	好吃

上面這組詞語，有具象的詞語，也有抽象的詞語，我們需要做的，就是發揮想像力，把這些詞語從前到後串連成一個小故事：

> 北京的森林裏住着一位神仙，她長得很美麗，就像神話故事裏所寫的那樣，她有着豆芽一般的苗條身材。她在蕩鞦韆的時候不小心摔倒了，醫生建議把她送到埃及進行治療，他們一起坐着輪船，在船上比賽背唐詩，結果卻到了韓國。在韓國他們遇到了嫦娥，嫦娥（飛快）地從鏡子（普通話諧音：靜止）裏拿出一個喇叭，把他們吹到了長城，神仙吃了幾塊長城上的磚頭，覺得非常好吃。

通過上面的一連串想像，這些詞語在我們的腦海中化成了生動的畫面，在回憶的時候，它們就會一個接一個地快速跳了出來。其中，「靜止」這個詞語，我們運用了諧音法，轉化為「鏡子」的圖像，這樣就更利於聯想記憶。

串聯聯想法，有很廣泛的用途，尤其用於一些沒有規律資料的記憶。例如我們要記憶魯迅的部分作品：

《故鄉》《社戲》《孔乙己》《一件小事》《從百草園到三味書屋》《藤野先生》《阿Q正傳》《藥》《吶喊》《彷徨》《狂人日記》《祝福》

可以這樣編一個故事來進行聯想記憶：

> 魯迅回到了故鄉，看了一場社戲，講的是關於孔乙己的一件小事。

看完之後，魯迅穿過了百草園到了三味書屋，去拜訪藤野先生。藤野先生正在看一本名為《阿 Q 正傳》的書，邊看邊喝中藥，中藥很苦，他痛苦地大聲呐喊，在走道上走來走去、很彷徨，最後差點發狂了。魯迅趕緊給他送上美好的祝福。

通過這個故事，我們就能把魯迅的這些作品按順序一個不漏地記住了。有些資料如果並沒有嚴格的順序規定，我們也可以按照有利於聯想的方式把它們的順序進行重新排列。

串聯聯想是訓練我們聯想能力的好方式，如果沒有規律的詞語都能通過發揮想像力輕鬆聯結起來，那些有規律的資料就更容易了。

● 情景聯想：把圖像聯想起來，構成情景

前面的對應聯想法和串聯聯想法，主要適用於沒有規律信息的記憶。而對於有規律的信息，例如詩詞、課文、古文、專業書籍等，如果內容不是特別多，就適合用情景聯想法。

情景聯想法，是根據文字內容展開想像，同時通過加入額外的動作、故事、邏輯等，把文章前後的圖像聯想起來，構想出生動活潑的、連續的情景。

我們來看這首詩：

六月二十七日望湖樓醉書 [1]
〔宋〕蘇軾

黑雲翻墨未遮山，白雨跳珠亂入船。
卷地風來忽吹散，望湖樓下水如天。

翻譯：黑雲翻滾，如同打翻的墨硯與遠山糾纏，不一會兒我的小船突然多了一些

---

[1] 王水照、崔銘著：《蘇軾傳》。天津：天津人民出版社，2013 年。

珍珠亂竄，那是暴虐的雨點。一陣狂風平地而來，將暴雨都吹散。當我逃到望湖樓上，喝酒聊天，看到的卻是天藍藍，水藍藍。

本詩的情景聯想：

> 我正坐着船在西湖上遊玩，忽然，大片黑雲飄了過來，把山頂都遮住了，大滴大滴的雨點像珠子一樣「啪嗒啪嗒」地跳到船上，我趕緊躲到船艙裏。正當我着急的時候，忽然，一陣卷地風刮了過來，把暴雨都吹散了，我跑到船艙外一看，望湖樓下的水清澈地倒映着藍天。

　　圖 2-7 是把詩句的文字，按照情景聯想的過程大致畫了出來，看着圖按文字表達的順序，看一看，想一想，記憶會更清晰。如果有時間，可以拿出顏色筆，把整個圖按照文字表達的順序加上自己喜歡的顏色，記憶效果就更好了。這種邊上色邊記憶的方法，叫作「塗鴉記憶」（本書絕大部分的圖例，都可以用塗鴉記憶的方式來加深印象，歡迎嘗試）。

圖 2-7　《六月二十七日望湖樓醉書》塗鴉記憶示範

普通的理解記憶，如果根據翻譯的文字展開想像，也同樣有圖像感，這比起死記

硬背也要好很多，但是缺乏連續的情景感。

情景聯想與普通的理解記憶不一樣的地方，就是更具有連續的情景感。例如，剛開始的時候加了「我正坐着船在西湖上遊玩」，在第一句和第二句之間，加入了「正當我着急的時候」。這樣，整個畫面就更像一個有場景、有情節的連續故事。

從記憶的角度來看，對於篇幅較短的詩，上下文之間本來也不容易脫節，所以情景聯想法的威力並不那麼明顯。我們再舉一首稍微長一點的詩來做說明。

例如這首詩：

題破山寺後禪院 [2]
〔唐〕常建

清晨入古寺，初日照高林。
曲徑通幽處，禪房花木深。
山光悅鳥性，潭影空人心。
萬籟此俱寂，但餘鐘磬音。

翻譯：清晨我走進這座古老寺院，旭日初升映照着山上樹林。竹林掩映的小路通向幽深處，禪房前後花木繁茂又繽紛。山光明媚使飛鳥更加歡悅，潭水清澈也令人爽神淨心。此時此刻萬物都沉默靜寂，只留下了敲鐘擊磬的聲音。

一般的文字翻譯，是按照一句一句來翻譯的，句子與句子之間的關聯性不強，因此往往會出現這樣的記憶困境：每一句都讀得很熟練了，可是背完第一句之後，第二句就想不起來了（或者背完第二句想不起第三句）。

情景聯想的作用，就是解決這種上下文之間聯繫不緊密、容易斷片的問題，讓我們大腦裏的圖像能夠像電影情節那樣連續展現，以獲得最佳的記憶效果。

. . . .
[2] 《中華經典必讀》編委會著：《中華最美古詩詞》。北京：中國紡織出版社，2012 年。

本詩的情景聯想：

清晨我來到一座古老的寺廟，推開大門，一道燦爛的陽光透過高高的樹林照在我身上。我沿着樹林裏彎彎曲曲的羊腸小徑往前走，愈往裏走，感覺愈幽靜。路的盡頭是一座禪房，禪房周圍佈滿了樹和花。我在禪房門口抬頭一看，看到了一座山，陽光從山那邊照射過來；陽光之中有幾隻小鳥在歡快地飛着、叫着。小鳥飛過了一個水潭，我低頭一看，水潭裏倒映着小鳥和我的影子，讓我的心完全放空了。我看着潭水陷入了沉思，只感覺到鳥的叫聲和其他各種聲音愈來愈低，最後變成一片寂靜。忽然，寺裏的一陣鐘聲讓我從沉思中回過神來。

《題破山寺後禪院》這首詩，共有四句，即使理解了，有了初步的圖像感，要從前到後順利背下來也並不容易，因為四個句子之間的關聯度並不高。所以，需要運用情景聯想法，把這四個句子更緊密地聯想起來。

圖 2-8　《題破山寺後禪院》情景聯想示意圖

這首詩情景聯想法運用的重點，有這樣幾個地方：

「初日照高林」與「曲徑通幽處」之間，是這樣聯想的：「沿着樹林裏彎彎曲曲的小道往前走」，這樣，「曲徑」跟「高林」就有了聯繫。

「禪房花木深」與「山光悅鳥性」之間，是這樣聯想的：「我在禪房門口抬頭一看，看到了一座山」。「禪房」跟「山」之間，本來沒有甚麼聯繫，通過想像「在禪房門口抬頭看到一座山」，它們之間就聯繫起來了。

「山光悅鳥性」與「潭影空人心」之間，亦沒甚麼關聯，但當我們想像小鳥飛過了一個水潭，就在它們之間建立了聯繫。

在潭水前沉思，各種聲音慢慢消失，這樣的想像又在「潭影空人心」與「萬籟此俱寂」之間建立了聯繫。

有了這些前後聯繫，整首詩就構成了一幕幕具有很強連續性的生動情景，成為一部小電影、一個小影片，這樣我們大腦強大的圖像記憶能力就被調動出來了。

情景聯想與普通文字翻譯的不同之處主要有兩點：一是在大腦中要主動構想畫面；二是句子之間要加入額外的聯想，讓整個想像更有情節感。這兩點的作用，都是為了幫助我們的大腦構想具有情節感或故事感的連續圖像，通俗點說，就是編故事，編一個有情節的、生動連續的故事。

情景聯想，就是盡量把要記的內容編成故事，編的故事愈生動、愈有趣，記憶效果就愈好。

● 關鍵字聯想：提示 + 串聯的應用

情景聯想法是一個非常重要的方法，只要是整段的文字（例如詩詞、課文、古文、專業資料等），原則上都適合運用情景聯想法。但是，如果文字內容比較多（例如長篇詩詞、長篇文章、較長的段落等），要去編一個長的、精彩的故事，就不那麼容易。這個時候，就可以考慮用關鍵字聯想法。

古詩記憶示範：《登高》

關鍵字聯想法，就是從記憶資料之中，挑選一些有提示作用的關鍵字，通過串聯聯想法把這些關鍵字記住，最後再通過這些關鍵字來回憶整體的資料。例如這首詩：

登高 [3]
〔唐〕杜甫

風急天高**猿**嘯哀，渚清沙白**鳥**飛回。
無邊**落木**蕭蕭下，不盡**長江**滾滾來。
萬里**悲秋**常作客，百年多病獨**登台**。
艱難苦恨繁霜鬢，**潦倒**新停濁酒杯。

這首《登高》，用情景聯想法也可以記，但前後文之間的關聯不是那麼緊密，想編出生動的故事，需要花費一些時間來琢磨。如果想要更方便地進行記憶，也可以考慮用關鍵字聯想法。

我們找了八個關鍵字：猿、鳥、落木、長江、悲秋、登台、艱難、潦倒。接下來要做的，就是把這八個關鍵字從前到後聯繫起來，可以這樣進行聯想：

> 一隻**猿**飛撲到樹上去抓**鳥**，鳥是抓住了，但是因為樹枝承受不住猿的重量，所以樹枝落了下來（**落木**），落到了**長江**裏。猿和鳥不會游泳，它們非常悲傷（**悲秋**），正好它們被沖到了一個台上，它們努力地爬上那個台（**登台**），爬得非常**艱難**，最後力氣用盡，又倒在了江裏（**潦倒**）。

圖 2-9 《登高》關鍵字聯想示意

[3] 顧青編注：《唐詩三百首》。北京：中華書局，2016 年。

　　有時候整個關鍵字不太好聯想，用其中的一個字也可以，例如「悲秋」我們用的是「悲」，「潦倒」用的是「倒」。

　　記住了這些關鍵字的順序，然後就可以通過它們，把相應句子的順序回憶出來了。

　　記憶的關鍵在於提示。死記硬背缺乏提示的線索，即使整首詩讀得很熟練，經常也會出現背了兩三句就想不起後面句子的情況，如果有人能提示一個詞，就能繼續背下去。

　　關鍵字聯想法就解決了提示線索的問題，自己先把提示的關鍵字找出來，然後把這些關鍵字的順序牢牢記住，每一句都能通過關鍵字的提示進行回憶，這樣，就不會出現記憶卡頓的情況了。

　　找提示關鍵字，有幾個原則：

　　第一個原則，是盡量找圖像感突出的。例如「風急天高猿嘯哀」這句，「風」「天」「猿」都是名詞，但「風」和「天」的圖像感都不夠突出，而「猿」的圖像感就很突出，有很強的提示作用，所以我們選擇了「猿」作為關鍵字。

　　第二個原則，盡量選擇句子前面部分的關鍵字。因為一句話之中，提示第一個詞，會更容易回憶起整句話，而提示最後一個詞，倒不一定能想起前面的部分。例如「艱難苦恨繁霜鬢，潦倒新停濁酒杯」，雖然「鬢」和「酒杯」都更有圖像感，但對於整句話的回憶，就不如「艱難」和「潦倒」更有效。

　　第三個原則，就是哪個詞更有利於整篇的串聯聯想，就找哪個詞。例如「百年多病獨登台」這句，雖然「登台」是最後一個詞，但它和前後的「悲秋」「艱難」兩個關鍵字更容易進行聯想，所以我們就選擇了「登台」作為關鍵字。

　　總之，關鍵字聯想法中的關鍵字，主要起到提示的作用，只要覺得哪個詞更有利於整句的提示以及前後文的聯想，都可以選用，並沒有統一的標準。

現代詩記憶示範：《再別康橋》

相比古詩，現代詩的文字通常更多一些，往往適合用關鍵字聯想法。例如徐志摩的這首：

再別康橋 [4]
徐志摩

輕輕的我走了，正如我輕輕的來；
我輕輕的招手，作別西天的雲彩。

那河畔的金柳，是夕陽中的新娘；
波光裏的艷影，在我的心頭蕩漾。

軟泥上的青荇，油油的在水底招搖；
在康河的柔波裏，我甘心做一條水草！

那榆蔭下的一潭，不是清泉，是天上虹；
揉碎在浮藻間，沉澱着彩虹似的夢。

尋夢？撐一支長篙，向青草更青處漫溯；
滿載一船星輝，在星輝斑斕裏放歌。

但我不能放歌，悄悄是別離的笙簫；
夏蟲也為我沉默，沉默是今晚的康橋！

悄悄的我走了，正如我悄悄的來；
我揮一揮衣袖，不帶走一片雲彩。

這首詩共七段，我們從每一段裏找了一個有較強提示作用的關鍵字，共七個關鍵字：招手、金柳、青荇、清泉、長篙、放歌、衣袖。

然後把這七個關鍵字聯想起來：

[4] 徐志摩著：《徐志摩詩集（青少年版）》。廣州：廣東旅遊出版社，2017 年。

我向金柳招了招手，金柳樹下就飛起了一條青荇（青色的水草），
青荇飄落到一潭清泉裏，清泉上有人在船上邊撐着長篙前行邊放歌，雄
渾的歌聲把我的衣袖都震動起來。

這個聯想的過程看起來雖然有點兒「無厘頭」，但畢竟讓七個毫不相關的詞語都
有了關聯，讓我們可以從前到後一個不漏地回憶出來。

記住了這七個詞語之後，我們就可以把它們當作回憶線索，將相應的段落文字回
憶出來。

當然，如果你對原文不熟悉，只是記住這七個詞語，也是很難回憶原文的。所以，
在找關鍵字進行聯想之前，需要先把原文的圖像都好好想幾遍，基本上每段的文字都
熟悉了，再進行關鍵字聯想，這樣就能很快記下來。

如果遇到關鍵字能想起來，但相應段落卻不能完全回憶出來的情況，那說明對原
文還不夠熟悉，可以通過想像、聯想的方法，把原文再加深記憶。

現代文記憶示範：《廬山的雲霧》[5] 片段

現代文（包括語文課文、各種專業科目）的文字也比較多，很多時候也適合用關
鍵字聯想法。

例如《廬山的雲霧》裏的這段：

廬山的雲霧千姿百態。那些籠罩在山頭的雲霧，就像是戴在山頂上
的白色絨帽；那些纏繞在半山的雲霧，又像是繫在山腰間的一條條玉帶。
雲霧彌漫山谷，它是茫茫的大海；雲霧遮擋山峰，它又是巨大的天幕。

像上面這段文字，如果用圖像記憶法，通過想像，就能想到一幅幅生動的畫面。
然後有意識地從中找出關鍵詞，例如「山頭」「半山」「山谷」「山峰」，這樣，我
們在回憶的時候，就容易多了。如果再進一步把山的位置所對應的雲霧姿態找出來，
例如「山頭—白色絨帽」「半山—玉帶」「山谷—大海」「山峰—天幕」，這樣進行

---

[5]　《語文三年級下冊》。蘇州：蘇州教育出版社，2016。

對應聯想，就能把整段文字輕鬆記住。

古文記憶示範：《道德經》[6] 片段

古文用關鍵字聯想法的機會也挺多，例如《道德經》第三十九章第一段：

> 昔之得一者：天得一以清；地得一以寧；神得一以靈；谷得一以盈；
> 萬物得一以生；侯王得一以為天下貞。

這段文字，把「天」「地」「神」「谷」「萬物」「侯王」找出來，通過串聯聯想來記住它們的順序，可以這樣聯想：

> 天地之間有一個神靈，他在河谷裏洗澡，洗完澡之後，變出了萬物，
> 然後安排一個人作為侯王來管理這些萬物。

然後再進一步把「天—清」「地—寧」「神—靈」「谷—盈」「萬物—生」「侯王—貞」這些詞語進行對應聯想，把它們的對應關係記住，這樣，整段話就能一個不差地記下來了。

關鍵字聯想法與情景聯想法都是很常用的聯想記憶方法，同樣需要編寫生動活潑的故事，它們之間的主要區別是：情景聯想法不需要特別去找關鍵字，只是強調要有從前到後完整的故事情節，整個聯想的過程跟原文的含義是高度相關的，有助於對原文加深理解。

而關鍵字聯想法則需要找出原文中能説明回憶的關鍵字，然後通過串聯聯想把這些關鍵字記住，串聯聯想的過程可以跟原文的含義無關，即使跟原文意思相差十萬八千里也沒關係。

綜合而言，關鍵字聯想法在原文的理解幫助上會比情景聯想法弱一點。也就是説，關鍵字聯想法對理解的幫助沒那麼大。所以，在能運用情景聯想法的情況下，我們還是建議多用情景聯想法。只是當記憶資料比較多，情景聯想比較難展開時，才考慮運用關鍵詞聯想法。

. . . .

[6] 饒尚寬譯注：《老子》。北京：中華書局，2006 年。

抽象信息的圖像化

● 代替法：用具體形象來代表其含義

具象的詞語，只要是我們見過的，都可以想出圖像。然而，隨着我們的學習慢慢深入，就會接觸到愈來愈多的抽象詞語。那麼，抽象詞語怎樣想像呢？

其實，大部分抽象詞語，都是從具體的圖像中來的。例如「植物」這個詞，各種花草樹木，都可以屬於一個共同的大種類。因此，當我們想到「植物」時，腦海中出現的任意具體形象（花、草、樹，或者牡丹花、柳樹等更具體的形象），都可以作為「植物」的圖像。這種用某個抽象詞所包含的特定具體圖像代表的方法，叫作「代替法」。

例如，看到「動物」這個抽象詞的時候，我們可以用貓、狗、老虎等任意一個自己喜歡的圖像代替。

看到「財務」「經濟」等抽象詞的時候，我們可以用港元、人民幣、美元、黃金等與錢相關的圖像代替。

看到「檢查」這個抽象詞的時候，我們可以用聽筒、X光機、機場安檢等圖像代替。

總之，我們可以根據文意，靈活選擇一個跟文意相關的圖像作為特定抽象詞的代替。

對於有些沒有具體含義的抽象詞（例如地名），也可以考慮用其中的一個字的圖

像代替。例如王維《使至塞上》[1] 裏的最後一句「蕭關逢候騎，都護在燕然」，「蕭關」和「燕然」都是地名，本身並沒有具體的圖像含義，這時，可以考慮用其中的「蕭」和「燕」的圖像代替。「蕭」可以想到樂器（簫），「燕」可以想到燕子。這樣，這句詩就有圖像了。

另外，有些城市名，也可以用當地的特色物品代替。例如「北京」，可以想到天安門；「洛陽」，可以想到牡丹花；「新疆」，可以想到羊肉串等。

● 諧音法：無意義的信息也能圖像化

有些資料，本身就是抽象的，沒有具體的圖像含義，這個時候往往就要用到諧音法來把它們轉化為圖像。

例如，戰國七雄：齊、楚、燕、韓、趙、魏、秦。國家名是沒有圖像的，這時可以用諧音法，編成一句朗朗上口的話來進行記憶。

齊、楚、燕、韓、趙、魏、秦，普通話的諧音是：清楚嚴寒找圍巾。

聯想：我清楚我要去的地方非常嚴寒，所以出發前需要先把我的圍巾找到，做好準備。

當然，裏面有一兩個字並不是那麼諧音，但是為了要湊齊一句朗朗上口的話，有時候是需要進行一些調整的。

我們來看下面這個例子。

八國工業集團：美國、英國、德國、法國、日本、意大利、加拿大、俄羅斯。為了方便記憶，我們把這些國家名各取一個字，然後把順序調整一下，就變成：俄、德、法、美、日、加、意、英。普通話諧音為：餓的話每日加一鷹。

---

[1] 《中華經典必讀》編委會著：《中華最美古詩詞》。北京：中國紡織出版社，2012 年。

有些資料，很難想到圖像，或者圖像不夠鮮明的，也可以用諧音的方法來進行記憶。例如活躍度從高到低的金屬元素：鉀、鈣、鈉、鎂、鋁、鋅、鐵、錫、鉛、銅、汞、銀、鉑、金。

可以把這些元素分為三段，分別進行普通話諧音：

鉀、鈣、鈉、鎂、鋁：嫁給那美女

鋅、鐵、錫、鉛：身體細纖（輕）

銅、汞、銀、鉑、金：統共一百斤

然後可以這樣聯想：

我想嫁給那個美女，那個美女身體細纖輕，統共只有一百斤！

● 數字編碼：變抽象數字為具體圖像

除了文字，還有一種常見的記憶資料：數字。數字本身是抽象的，要把數字轉化為圖像，常常需要用到象形法和諧音法。

單個的數字常用的是象形法。例如：1 像樹（或鉛筆等），2 像鴨子，3 像耳朵……

兩位數字，常常會用諧音法。例如數字 84，普通話諧音為「巴士」；46，普通話諧音則為「石榴」；至於 79 的普通話諧音為「氣球」……

在圖像記憶法的運用裏，由於常常會遇到需要記憶的數字資料，因此我們把數字 1 ～ 100（00）的編碼預先設定好，製作成數字編碼表，需要記憶的時候，就可以用這個數字編碼表進行參考，而不必臨時進行圖像轉化。

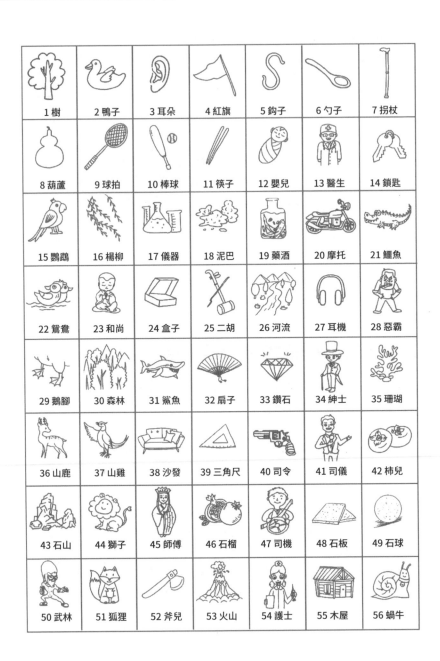

圖 2-10　尚憶數字編碼表（前 56 個數，共 100 個數）

57 武器	58 火把	59 五角星	60 榴槤	61 書包	62 驢兒	63 硫酸
64 牛屎	65 老虎	66 溜溜球	67 油漆	68 喇叭	69 牛角	70 冰淇淋
71 奇異果	72 企鵝	73 雞蛋	74 騎士	75 積木	76 犀牛	77 機器人
78 青蛙	79 氣球	80 巴黎	81 螞蟻	82 靶兒	83 花生	84 巴士
85 白兔	86 八路軍	87 白棋	88 爸爸	89 芭蕉	90 酒瓶	91 球衣
92 球兒	93 救生圈	94 教師	95 救護車	96 酒樓	97 酒席	98 酒吧
99 雙錘	100 望遠鏡					

圖 2-11　尚憶數字編碼表 (後 34 個數，共 100 個數)

這些數字編碼，有一小部分是象形（例如 1～11，22，99，00 等），大部分是普通話諧音，亦有小部分是普通話諧音程度不是那麼高，但是找不到其他更適合的，所以就需要多次重複記憶，例如 23- 和尚、24- 盒子、26- 河流等。

有個別編碼需要進一步聯想，例如 20- 摩托車，因為 20 的普通話諧音是「二輪」，兩個輪子的我們可以想到摩托；又如 33- 鑽石，33 的普通話諧音是「閃閃」，但「閃閃」沒有圖像感，我們可以進一步聯想到閃閃發亮的鑽石；61- 書包，61 想到兒童，兒童的形象容易跟嬰兒混淆，所以我們就進一步聯想到兒童上學用的書包。

這個數字編碼表僅供參考，大家可以根據情況對這些編碼進行靈活調整。尤其是在進行專業數字記憶訓練的時候，往往需要用那些適合自己的個性化編碼，那就需要在專業教練的指導下進行調整，建立自己專屬的數字編碼系統。

● 圓周率記憶

有了數字編碼表，我們在進行數字記憶的時候，就比較方便了。例如，我們可以進行圓周率小數點後一百位的記憶：

14	15	92	65	35	89	79	32	38	46
26	43	38	32	79	50	28	84	19	71
69	39	93	75	10	58	20	97	49	44
59	23	07	81	64	06	28	62	08	99
86	28	03	48	25	34	21	17	06	79

圓周率記憶是訓練我們記憶力的好方法，同時，通過圓周率的記憶，也有助我們加深對數字編碼的熟悉，以便能更熟練地把數字編碼用到各種記憶情況中。

數字是抽象的、枯燥的，如果用聲音記憶，從前到後去讀的話，一百個沒有規律數字，即使讀一千遍，也未必能一個不差地牢牢記住。

如果運用圖像記憶法，每兩個數字轉化為一個圖像，一百個數字共五十個圖，然

後按照串聯聯想的方法，從前到後進行聯想，很快就能輕鬆記住。

圓周率小數點後一百位對應的編碼如下：

　　　鑰匙、鸚鵡、球兒、老虎、珊瑚、白酒、氣球、扇兒、沙發、石榴；

　　　河流、石山、沙發、扇兒、氣球、武林、惡霸、巴士、藥酒、奇異果；

　　　牛角、三角尺、救生圈、積木、棒球、火把、摩托、酒席、石球、獅子；

　　　五角星、和尚、拐杖、螞蟻、牛屎、勺子、惡霸、驢兒、葫蘆、舅舅；

　　　八路軍、惡霸、耳朵、石板、二胡、紳士、鱷魚、儀器、勺子、氣球。

有了這些編碼，我們可以通過額外的動作、故事，把這些編碼從前到後聯結起來，當中可能會有少量修正。請大家跟着以下的文字展開生動的聯想：

　　　把彩色的鑰匙（14）往鸚鵡（15）身上一擲，鸚鵡條件反射般地把腳下的球兒（92）用力踢了出去，球兒像箭一般飛了出去，擊中了一隻老虎（65），老虎倒了下來，掉在白色的珊瑚（35）堆裏，珊瑚堆裏有一把芭蕉扇（89），芭蕉扇扇飛了一個氣球（79），氣球爆炸了，掉出一把扇兒（32），扇兒掉在了沙發（38）上，沙發底下滾出了幾個石榴（46）。

　　　石榴滾到了河流（26）裏，河流的水漫上來，淹沒了石山（43），石山頂上的沙發（38）就漂了起來，沙發上插着一把扇兒（32），扇兒一扇，扇出了一個氣球（79），氣球上面站着一個武林高手（50），武林高手一掌打傷了惡霸（28），惡霸坐上了巴士（84）逃跑了，巴士裏面有一瓶藥酒（19），藥酒裏泡着一個神奇的奇異果（71）。

　　　奇異果長着一隻牛角（69），牛角上插着一把三角尺（39），三角尺掉到了救生圈（93）上，救生圈上有一堆積木（75），積木裏飛出了一個棒球（10），棒球打中了火把（58），火把裏衝出一輛摩托（20），衝到了酒席（97）上，酒席上滾出了一個石球（49），石球壓扁了獅子（44）。

　　獅子嘴裏吐出一個尖尖的五角星（59），五角星飛出去擊中了一個和尚（23），和尚拿着一把拐杖（07）在戳螞蟻（81），螞蟻爬到了牛屎（64）堆裏，牛屎堆裏飛出了一把勺子（06），勺子撞傷了惡霸（28），惡霸騎着驢兒（62），驢兒踢飛了葫蘆（08），葫蘆飛出去砸中了舅舅（99）。

　　舅舅找了一群八路軍（86），去打惡霸（28），惡霸耳朵（03）被打掉了一隻，掉到了石板（48）上，石板上有一把二胡（25），我把二胡交給了紳士（34），紳士坐在一隻鱷魚（21）身上，鱷魚咬壞了儀器（17），儀器爆炸飛出了一把勺子（06），勺子飛出去戳破了一個氣球（79）。

　　先熟悉每組數字對應的數字編碼，然後根據以上的聯想過程（也可以按照自己喜歡的方式去聯想），慢慢去想。可按每批二十個數字進行記憶、複習、鞏固，熟練記住之後，再往下進行。看看多長時間能把圓周率一百位牢牢記住。

圖 2-12　圓周率小數點後 1 ～ 60 位的編碼圖，共 30 個圖

圖 2-13　圓周率小數點後 61 ～ 100 位的編碼圖，共 20 個圖

　　圖 2-12、圖 2-13 是編碼互動的圖，跟着圖去想，效果更好。如果有時間，你也可以根據自己的喜好為這些圖塗上顏色，說不定在不知不覺中，就能輕鬆記住啦！

• 歷史年代記憶

　　數字記憶是非常好的方式用作訓練圖像聯想力，幾乎每個記憶大師都把數字記憶作為記憶訓練的基本功。

　　數字記憶的用途非常廣泛，因為在我們日常的學習、工作、生活，經常都會遇到需要記憶的數字資料，例如電話號碼、資金資料、銀行密碼、歷史年代等等。這裏，我們來講解一下歷史年代的記憶方法。

　　歷史年代主要是在數字與事件之間進行聯想，數字雖然是抽象的，但是可以通過靈活的普通話諧音，把數字變成生動的圖像。在對數字進行諧音的時候，可以參考數字編碼表，也可以按實際情況靈活進行。

　　例如，馬克思的出生日期是 1818 年 5 月 5 日，可以這樣聯想：

　　　　馬克思的出生，就像一個巴掌一個巴掌（1818），把資本家們打得
　　嗚嗚（55）地哭。

再如，秦始皇統一中國，是公元前 221 年，可以這樣聯想：

> 秦始皇是怎樣統一中國的呢？就是花錢（普通話諧音：前）買了兩條（2）神奇的鱷魚（21），把兩條鱷魚放出去，敵人立刻投降，於是很快就統一了中國。

又如，公元 105 年，蔡倫改進了造紙術，可以這樣聯想：

> 蔡倫改進了造紙術，讓大家可以用紙來寫字，為社會發展做出了很大的貢獻，這是送給整個世界的一份（1）禮物（05）。

這樣是不是很簡單？只要根據靈活的普通話諧音，把數字變成生動的圖像，然後跟相應的事件進行聯想，就可以輕鬆地記住歷史事件了。而且，想像愈生動有趣，記憶效果就會愈明顯。

下面我們精選了中國從夏朝開始到新中國成立這四千年間所發生的五十個重要歷史事件，你可以嘗試用聯想的方法，看看是否能把這些事件一個不漏地記住？

四千年中國五十大事件 [1] 聯想記憶示範

1. 約公元前 2070 年　禹建立夏朝
聯想：有一條魚（禹）趴在摩托（20）上吃冰淇淋（70），但是夏天（夏）太陽很猛烈，很快把冰淇淋烤融化了。

2. 公元前 1600 年　商朝建立
聯想：這一路（16）上的商店（商）賣的全是望遠鏡（00）。

3. 公元前 1046 年　周朝建立
聯想：我用棒球（10）把石榴（46）敲碎，然後拿它去熬石榴粥（普通話諧音：周）。

....

[1]　張海洋，方然著：《超強大腦是這樣練成的》。北京：化學工業出版社，2016 年。

4. 公元前 356 年　商鞅變法開始

聯想：我在商店（商鞅）裏花錢（普通話諧音：前）買了 3 隻蝸牛（356），然後開始給大家表演變戲法（變法）。

5. 公元前 221 年　秦始皇統一中國

聯想：秦始皇是怎樣統一中國的呢？就是花錢（普通話諧音：前）買了兩條（2）神奇的鱷魚（21），把兩條鱷魚放出去，敵人立刻投降，於是很快就統一了中國。

6. 公元前 209 年　陳勝、吳廣起義爆發

聯想：陳勝、吳廣花錢（普通話諧音：前）買了兩個領袖（209）頭銜，然後就帶領大家起義了。

7. 公元前 202 年　劉邦建立西漢

聯想：劉邦花錢（普通話諧音：前）買了兩個鈴兒（202），用力搖啊搖，搖出一身汗（普通話諧音：西漢），西漢就這樣建立了。

8. 公元前 138 年　張騫第一次出使西域

聯想：張騫花錢（普通話諧音：前）買了一張沙發（138），請人抬着去出使西域。

9. 公元 8 年　西漢滅亡

聯想：這個葫蘆（8）真吸汗（普通話諧音：西漢），把我的汗全吸乾了。

10. 公元 9 年　王莽建立新朝

聯想：一條蟒蛇（王莽）居然拿着球拍（9）在打球，這真是一件新（新）鮮事。

11. 公元 25 年　劉秀建立東漢

聯想：劉秀在舞台上秀了一把二胡（25），看台東邊的人大喊（東漢）「拉得好！」

12. 公元 105 年　蔡倫改進造紙術

聯想：蔡倫改進了造紙術，讓大家可以用紙來寫字，為社會發展做出了很大的貢獻，這是送給整個世界的一份（1）禮物（05）。

13. 公元 132 年　張衡發明地動儀

聯想：張衡發明的地動儀非常靈敏，即使一把扇兒（132）扇出的風，它都能感應到。

14. 公元 200 年　官渡之戰

聯想：官渡之戰進行的時候，曹操和袁紹兩個人（2）都拿着望遠鏡（00）在觀看戰場的情況。

15. 公元 208 年　赤壁之戰

聯想：我騎着摩托（20），衝到峭壁（赤壁）上去摘葫蘆（8）。

16. 公元 220 年　魏國建立

聯想：我給鴛鴦（22）餵了一個果子（普通話諧音後意思：魏國），它們很快就下了一個蛋（0）。

17. 公元 221 年　蜀國建立

聯想：兩條鱷魚（221）幫助叔叔（普通話諧音：蜀）建立了一個國家。

18. 公元 222 年　吳國建立

聯想：你這個做法實在太二了，簡直是二、二、二（222），你這樣下去是會誤國的（普通話諧音：吳國）。

19. 公元 265 年　西晉建立

聯想：兩（2）隻老虎（65）跑得快，一下跑進了西瓜地（普通話諧音後意思：西晉）。

20. 公元 317 年　東晉建立

聯想：我帶上三個儀器（317），去了趟東京（普通話諧音：東晉）。

21. 公元 383 年　淝水之戰

聯想：兩個小孩在沙發上（383）打起了肥皂水（淝水）大戰。

22. 公元 581 年　楊堅建立隋朝

聯想：一隻羊堅持（楊堅）要往水（普通話諧音：隋）裏放 5 隻螞蟻（581）。

23. 公元 605 年　隋朝楊廣開通大運河

聯想：楊廣開通的大運河，給中國留（6）下了一個非常好的禮物（05）。

24. 公元 618 年　李淵建立唐朝

聯想：李淵在京東 618 促銷的時候買了很多糖（唐）。

25. 公元 960 年　趙匡胤建立宋朝

聯想：趙匡胤建立宋朝的時候，我給他送了 9 筐榴槤（60）。

26. 公元 1069 年　王安石變法開始

聯想：王安石推動變法的時候，在頭上安了十個牛角（1069），誰不服就用牛角頂誰。

27. 公元 1206 年　成吉思汗建立蒙古政權

聯想：成吉思汗去某個地方建立蒙古政權的時候，是由一個嬰兒（12）領路（06）過去的。

28. 公元 1271 年　忽必烈建立元朝

聯想：一群蒙古嬰兒（12）忽然起義（71），建立了元朝。

29. 公元 1368 年　朱元璋建立明朝

聯想：朱元璋建立明朝的時候，一群醫生（13）給他吹喇叭（68）。

30. 公元 1405 年　鄭和下西洋

聯想：鄭和下西洋的時候，帶了很多鑰匙（14）作為禮物（05）送給沿途的國家。

31. 公元 1421 年　朱棣遷都北京

聯想：快要死的鱷魚（1421）已經沒有力氣追了，那群豬趕緊跑啊跑，跑到了北京。

32. 公元 1636 年　清朝建立

聯想：儘管一路（16）上走的都是山路（36），但他們終於在山頂上找到了一個清澈的水潭，建立了清朝。

33. 公元 1644 年　清軍入關，明朝滅亡

聯想：清軍攻入山海關之後，殺了很多人，一路（16）上都是死屍（44）。明朝滅亡。

34. 公元 1662 年　鄭成功收復台灣

聯想：鄭成功收復台灣的時候，是一路（16）騎着驢兒（62）過去的。

35. 公元 1689 年　中俄簽訂《尼布楚條約》

聯想：中俄兩國代表在楊柳（16）樹下邊喝白酒（89）邊簽條約，結果簽訂的條約你不清楚（普通話諧音後意思：尼布楚）、我也不清楚，一塌糊塗。

36. 公元 1839 年　林則徐虎門銷煙

聯想：林則徐在虎門把鴉片全都銷毀了，姨媽（18）沒有鴉片吃了，只好不停地吃香蕉（39）。

37. 公元 1842 年　中英《南京條約》簽訂

聯想：中英兩國代表在南京簽訂條約的時候，姨媽（18）摘了很多新鮮的柿兒（42）送過去給他們吃。

38. 公元 1851 年　洪秀全金田起義、太平天國建立

聯想：洪秀全走過一片金色的田地時，泥巴（18）裏竄出了一隻狐狸（51），建議洪秀全起義、建立太平天國。

39. 公元 1860 年　《北京條約》簽訂

聯想：北京條約簽訂完畢之後，大家抓了一把榴槤（1860）大口大口地吃了起來。

40. 公元 1894 年　甲午中日戰爭

聯想：姨媽（18）想起了舊事（94），她的爺爺就是在甲午中日戰爭中犧牲的。

41. 公元 1895 年　中日《馬關條約》簽訂

聯想：中國又打輸了，在馬背上簽訂了《馬關條約》，姨媽（18）氣得心臟病發，被救護車（95）送去了醫院。

42. 公元 1898 年　戊戌變法

聯想：姨媽（18）在酒吧（98）裏喝酒的時候，吹噓説戊戌變法是她爺爺推動的。

43. 公元 1900 年　八國聯軍侵略中國

聯想：八國聯軍侵略完中國，要走（19）的時候，街上看不到一個人，拿起望遠鏡（00）一看，人們都躲到山上去了。

44. 公元 1901 年　《辛丑條約》簽訂

聯想：我打開了一瓶藥酒（19），又打開另一（01）瓶藥酒，結果這些藥酒全都又腥又臭（普通話諧音後意思：辛丑）。

45. 公元 1911 年　武昌起義

聯想：武昌起義的時候，士兵們多數是拿着筷子（11）上陣殺敵的。

46. 公元 1915 年　新文化運動開始

聯想：新文化運動開始的時候，很多鸚鵡（15）飛出來幫忙吶喊。

47. 公元 1919 年　五四運動爆發

聯想：期待已久（19）的五四運動終於爆發了。

48. 公元 1940 年　百團大戰

聯想：百團大戰是由司令（40）直接指揮一百個團共同參與的。

49. 公元 1949 年　新中國成立

聯想：新中國成立以後，破除了四舊（49）。

50. 公元 1964 年　中國第一顆原子彈爆炸成功

聯想：原子彈爆炸的時候摧毀了很多東西，唯獨那堆牛屎（64）完好無損。

　　前幾個年代是公元前的，其中歷史比較久遠的，例如「夏商周」，不用想也知道是公元前的，我們就沒有單獨對「公元前」進行聯想。而有一些不太容易分清是公元前還是公元後的，我們就加入了對「公元前」的聯想。20 世紀發生的事情，由於離我們年代不算久遠，所以有些事件我們就沒有把 19 聯想進去。

chapter 03

揭秘篇

高效的順序記憶是超級記憶力的核心

記住了順序才算完成記憶

● 記憶的關鍵問題是如何記順序

記憶的關鍵的問題是如何記順序。例如這裏有一組詞語：

自行車、獎盃、火炬、帆船、大象、長頸鹿、烏龜、鋼琴、螃蟹

這裏的九個詞語，我們每一個都認識，那是不是只要認識了就等於記住了呢？不是的，我們真正記的，是這些詞語的先後順序，需要從前到後一個不差地按順序記住才行。

又如《道德經》[1] 最後一章：

> 信言不美，美言不信。
> 善者不辯，辯者不善。
> 知者不博，博者不知。
> 聖人不積，既以為人己愈有，既以與人己愈多。
> 天之道，利而不害；聖人之道，為而不爭。

[1] 饒尚寬譯注：《老子》。北京：中華書局，2006 年。

這裏的每一個字我們都認識，我們只是沒記住這些字的排列順序。怎樣才算把這篇文字記住呢？只有把這些文字從前到後一個不差地按順序記住才行。

有時候我們讀得很熟練了，每一句都能脫口而出，但是回憶完第二句的時候，第三句回憶不起來了。那就是因為沒有牢牢記住這些句子的順序。

又例如這樣一串數字：

1234987656785432345687652345 6543

上面的每個數字我們都認識吧？難度只是在於怎樣記住這些數字的排列順序。如果你善於找規律，可以把這串數字的排列規律找出來：

1234、9876、5678、5432、3456、8765、2345、6543

規律是找出來了，每四個數字都是先遞增後遞減。但問題是，這裏有八組數字，要記住每組的開首數字，這八個開首數字的排列順序也同樣不好記啊。

英文單詞也同樣，例如這個單詞：method（方法），這裏每個字母都認識，字母本身不需要去記，我們真正要記的就是 m、e、t、h、o、d 這樣一種字母排列順序，你要能清晰地回憶出第一個字母是甚麼、第二個字母是甚麼……一字不錯，才算是真正記住這個單詞的串法。

• 怎樣更好地記住順序？

同樣是記順序，聲音記憶與圖像記憶的運用有很大的差別。

聲音記憶是這樣進行的，例如這個單詞：dictionary（字典），我們要反覆默念 d、i、c、t、i、o、n、a、r、y，默念的次數多了，聲音之間會自然形成條件反射，dictionary 自然也就記住了。但是 dictionary 與「字典」之間的關聯還沒有建立，還需要「dictionary、字典」「dictionary、字典」這樣重複很多遍才行。

然而這種缺乏圖像、缺乏情感的條件反射並不牢固，記住了之後，又容易忘記，所以是難記而易忘的死記硬背。

我們知道，記憶可以分為短期記憶和長期記憶，提升記憶效率，就是要把短期記憶的東西盡快變成長期記憶，這樣，當我們需要用到這些信息的時候，就可以很快地回憶出來。

如果一串信息，它們之間形成的條件反射並不牢固，那麼就很難進入長期記憶。死記硬背，就是因為信息之間的條件反射不牢固，需要大量的重複、反覆的複習，然後才能慢慢建立牢固的聯結，從而轉入到長期記憶之中。

要更好地記憶信息之間的順序，主要的方式有兩個：一個是巧妙地減少信息量；另一個就是增強這些信息之間的關聯性。

減少信息量

例如這個單詞：hesitate（猶豫），這個單詞裏共有八個字母，也就是八個信息。然而，如果我們把這個單詞分為這樣三個部分：he（他）、sit（坐）、ate（吃，eat 的過去式），這三個部分我們都是熟悉的，需要記的信息就會大大減少。把需要記的信息進行劃分歸類，找出我們所熟悉的部分，這就是減少信息量的方法。

以宋詞來舉例：

浣溪沙・一曲新詞酒一杯 [2]
〔宋〕晏殊

一曲新詞酒一杯，去年天氣舊亭台。
夕陽西下幾時回？無可奈何花落去，
似曾相識燕歸來。小園香徑獨徘徊。

---

[2]　《中華經典必讀》編委會著：《中華最美古詩詞》。北京：中國紡織出版社，2012 年。

圖 3-1　《浣溪沙·一曲新詞酒一杯》記憶順序示意

　　這首詞共有四十二個字，我們在記的時候，其實也不是一個字一個字去記的，「一曲新詞酒一杯」這句文字相互之間的聯繫比較緊密，想一想、讀一讀，就能記住；「去年天氣舊亭台」「夕陽西下幾時回」等句子也同樣如此。因此，這首詞，我們真正要記的，其實是六個句子的順序，這樣一來，記憶量其實是六個，而不是四十二個。

增強信息之間的關聯性

　　圖像記憶，就是增強信息之間關聯性的好方法。例如：兔子、石頭、核桃，這三個信息之間本來沒有甚麼關聯性，但如果我們發揮想像力，想像一隻兔子拿起了石頭去砸核桃，那麼，這些信息之間就產生了關聯性。我們想到兔子的時候，就自動會聯想起石頭，想到了石頭，就自動會聯想起核桃。

　　圖像記憶，可以通過聯想讓原本沒有任何關聯的信息產生了關聯，想起第一個，就能想起第二個、第三個、第四個……於是就可以輕鬆地記住這些信息的順序了。

　　通過這些聯想，信息之間有了緊密的聯繫，一連串的信息都可以緊密地聯結起來，所以，這些信息能夠很快地轉入到長期記憶之中，不需要太多的複習和重複，大大地提升了記憶的效率。

　　圖像記憶是很靈活的，每個人都可以自由地發揮想像力，例如上面那個例子，你也可以這樣想：兔子不小心撞到了一塊大石頭，結果從石頭裏蹦出來一個核桃。還可以這麼想：兔子舉起了一塊大石頭，結果從石頭裏飛出了一個核桃⋯⋯

　　簡單的幾個信息，都可以發揮出無窮的想像力，而這個想像過程愈幽默、愈好玩、愈搞笑，我們就愈容易記住。所以，運用想像力去進行記憶，有很大的發揮空間，可以通過調整想像過程，從而讓記憶效率愈來愈好。

　　相比而言，聲音記憶之所以效率低，就是因為聲音信息之間沒有甚麼關聯性，只能依靠多次重複形成條件反射，而且很難轉入長期記憶，效率因此很低。

　　聲音記憶與圖像記憶的差別，不僅表現在記憶效率上，還同時表現在主動性上。聲音記憶是被動的重複，用得愈多，就顯得愈呆板。而圖像記憶充滿主動的創造力，用得愈多，就愈靈活，愈有創造力。

　　通過聯想來增強信息之間關聯性的方法有很多，除了從前到後進行的串聯聯想之外，比較常用的還有簡化法和定樁法。而定樁法又包括身體樁、人物樁、語句樁、數字樁、地點樁等等。

簡化法——複雜信息記憶

● 簡化法的運用：抽取單字 + 諧音

　　簡化法，是把那些相對複雜的記憶資料，進行簡化處理，減少記憶量，並運用諧音法來整合成簡單易記的句子，讓我們能記得更輕鬆更牢固。簡化法的運用，通常是從每個記憶詞語中抽取一個字，組成一個簡單易記並且充滿圖像感的句子。

　　例如我們要記憶中國的五大經濟特區：珠海、汕頭、廈門、深圳、海南。

　　這裏是五個地名，很抽象，沒有圖像感，相互之間也缺乏關聯。如果用串聯聯想法，要先將五個地名分別進行圖像轉化，然後再聯想起來。

　　例如：珠海，可以想到一片大海；汕頭，可以想到一座山頭；廈門可以想像一扇大門；深圳，可以先聯想到「世界之窗」；海南，可以聯想到椰子。然後把「大海」「山頭」「大門」「世界之窗」「椰子」這五個圖像串聯想起來。這樣也可以記住，但是有點複雜。

　　如果用簡化法就沒有那麼複雜，可以從這五個地名中各提取一個字：珠、頭、廈、深、海，然後普通話諧音為一句話：豬頭下深海。這樣是不是就好記多了？

　　簡化法尤其適合用來記憶那些抽象的簡短資料，例如下面這幾個例子：

人格權包括：姓名權、肖像權、名譽權、隱私權。

我們可以各取一個字：姓、肖、名、隱。聯想：「你叫甚麼名字？」：「在下姓肖名隱，肖隱。」

影響氣候的主要因素：海陸分佈、洋流、緯度、大氣環流、地形。

各取一個字：海、洋、緯、大、地。普通話諧音為：海洋圍大地。聯想：地球的環境特點就是海洋圍大地，這就決定了影響氣候的因素。

1901 年與八國聯軍簽訂的《辛丑條約》內容：

1. 清政府賠款白銀四億五千萬兩；
2. 要求清政府嚴禁人民反帝；
3. 允許外國駐兵於中國鐵路沿線；
4. 劃定北京東交民巷為「使館界」，允許各國駐兵保護。

這裏有四條內容，每條內容可以找一個比較有提示作用的字來表示，例如第一條講的是賠錢，可以用「錢」字；第二條用「禁」字；第三條用「兵」字；第四條用「館」字。合起來就是「錢、禁、兵、館」，普通話諧音為：前進賓館。聯想：辛丑條約是在前進賓館簽訂的。

有些詩，也可以運用簡化記憶法來進行記憶。

例如：

山居秋暝 [1]
〔唐〕王維

空山新雨後，天氣晚來秋。
明月松間照，清泉石上流。
竹喧歸浣女，蓮動下漁舟。
隨意春芳歇，王孫自可留。

. . . .

[1] 顧青編注：《唐詩三百首》。北京：中華書局，2016 年。

提取的四個字，經過普通話諧音之後組成一句話：孔明煮水。聯想：我在山上居住的時候，遇到了孔明，他非常熱情地接待我，給我煮了一杯水。

古詩運用簡化法來記憶的時候，建議盡量找每句的第一個字，因為第一個字的提示作用較強。另外，需要注意的是，找的字愈多，組成一句朗朗上口的句子的難度就愈大，所以《山居秋暝》我們只找了四個字，而不是八個字。

圖 3-2　《山居秋暝》簡化法記憶示意

當然，記住了每句開頭的那個字，只是記憶整首詩的一個環節，還需要把每句詩熟練記住才行。

在許多科目的學習之中，我們常見的一種「歌訣記憶法」，其實也是屬於簡化記憶法的靈活運用。

例如對中國的歷史朝代，可以整理為下面這個歌訣：

> 堯舜禹、夏商周，春秋戰國亂悠悠；
> 秦漢三國西東晉，南朝北朝是對頭；
> 隋唐五代又十國，宋元明清帝王休。

通過上面的歌訣，多讀幾遍，多想想，就能夠把中國從「堯舜禹」開始的歷史朝代按順序輕鬆地記住了。

定椿法——
一切有順序、有圖像的資料記憶

記憶主要就是記順序，串聯聯想法是把記憶資料直接從前到後按順序進行聯想，而定椿法則是先建立一套有明確順序的記憶椿，然後再把記憶資料跟這些記憶椿進行聯想。

原則上，只要有順序、有圖像的東西，都可以作為記憶椿。常用的記憶椿包括：身體椿、人物椿、語句椿、數字椿、地點椿等。

我們先來看一下身體椿。

● 身體椿：把記憶信息與身體部位掛鉤

身體椿是指用我們的身體部位來做記憶椿子，把記憶信息與這些身體部位對應掛鉤，從而幫助記憶。

身體椿一般都是按照從上到下的順序，選擇十個或十多個部位作為常用的椿子，每個人可根據自己的習慣來選擇具體的部位，但原則是要形成明確的順序。

例如我們可以選擇身體的這十二個部位組成一個椿子表：

頭髮、眼睛、鼻子、嘴巴、耳朵、脖子、肩膀、手掌、肚子、屁股、膝蓋、腳掌。

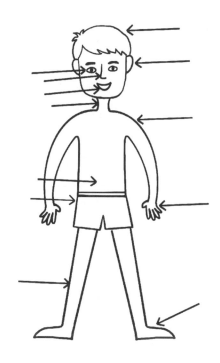

圖 3-6　身體樁示意

　　這十二個樁子在身體中從上到下有着明確的順序，只要在自己的身體上按順序稍微想一兩遍就能輕鬆記住。

　　十二個樁，能記十二個資料。例如，我們要到超市買東西，買下面這些物品：

　　洗髮水、醬油、衛生紙、香水、蘿蔔、電池、鉛筆、蘋果、啤酒、枕頭、拖鞋。

　　我們可以把這十二個物品一一對應放在我們自己的身體樁上，然後展開聯想：

頭髮——洗髮水：
頭髮髒了，要用洗髮水洗頭。

眼睛——醬油：
眼睛裏滴進了幾滴醬油，看外面的世界都是醬油的顏色了。

鼻子——衛生紙：

感冒流鼻涕了，用了一卷衛生紙。

嘴巴——香水：

最近吃東西沒有味道，給嘴巴噴一噴香水增加味道。

耳朵——蘿蔔：

從耳朵裏拔出了一個蘿蔔。

脖子——電池：

我的脖子又細又長，像電池一樣。

肩膀——鉛筆：

我的肩膀上插滿了鉛筆。

手掌——蘋果：

我的手掌托着一個蘋果。

肚子——啤酒：

我的肚子最近變圓了，像個啤酒肚。

膝蓋——枕頭：

如果回家要跪洗衣板的話，我寧願跪枕頭。

腳掌——拖鞋：

我來超市買東西的時候，腳上穿的是拖鞋。

運用身體樁要注意的地方是，記憶資料需要放到自己的身上進行想像，這樣才能達到記憶效果。

如果記憶的資料本身沒有嚴格的順序要求，那麼，我們可以根據身體樁的特點來調整資料的順序，以方便聯想。

　　有些時候，要記的資料本身是有固定順序的，那我們就得按照順序來進行記憶了，例如十二生肖：

　　子鼠、丑牛、寅虎、卯兔、辰龍、巳蛇、午馬、未羊、申猴、酉雞、戌狗、亥豬。

　　聯想方法如下：

　　頭髮——子鼠：
　　有隻母老鼠在我的頭髮上生了一個兒子。

　　眼睛——丑牛：
　　我的眼睛最近腫得厲害，像牛眼睛那樣又大又醜。

　　鼻子——寅虎：
　　我的鼻子被一隻銀（普通話諧音：寅）色的老虎咬掉了一半。

　　嘴巴——卯兔：
　　我的嘴巴裏咬住了一隻毛（普通話諧音：卯）茸茸的兔子！

　　耳朵——辰龍：
　　有兩條龍在我的兩隻耳朵旁盤踞了很久，龍身上已經鋪滿了灰塵（普通話諧音：辰）。

　　脖子——巳蛇：
　　我的脖子上纏繞着四（普通話諧音：巳）條蛇，它們愈勒愈緊，我的呼吸愈來愈困難。

　　肩膀——午馬：
　　在大霧（普通話諧音：午）之中，有一匹馬撞到了我的肩膀。

　　手掌——未羊：
　　我的手掌上拿着一株草，準備去餵（普通話諧音：未）羊。

肚子——申猴：
我的肚子上趴着一隻猴子，它伸（普通話諧音：申）出尾巴給我撓癢癢。

屁股——酉雞：
我的屁股蹭到了醬油（普通話諧音：酉）雞的油。

膝蓋——戌狗：
樹（普通話諧音：戌）下跑過來一條狗，把我的膝蓋咬了一口。

腳掌——亥豬：
我的腳底踩到一個軟綿綿的東西，好害（普通話諧音：亥）怕！低頭一看，原來是一隻小豬！

● 人物樁：把能依順序排列的熟悉人物作為記憶樁

能夠按照一定順序進行排列的熟悉人物，就能組成人物樁。例如爺爺、奶奶、外公、外婆、爸爸、媽媽、叔叔、嬸嬸等。

有些人，例如明星，或者同事、同學，雖然很熟悉，但是如果不能按照一定的順序來排列他們，就沒法作為人物樁來使用。

我們這裏找了八個大家都熟悉的《西遊記》裏的人物，按照資歷排列的順序如下：

如來佛、觀音、太上老君、唐僧、孫悟空、豬八戒、沙僧、白龍馬。

前面三個是老資格的神仙，後面五個是唐僧五師徒，這樣的順序還是容易記住的。

圖 3-7　人物樁示意

　　連同身體樁，加上八個人物樁，一共有二十個樁，如果遇到需要用二十個樁的情況，我們也可以把它們合起來使用。

　　例如我們要記憶蘇軾的《念奴嬌·赤壁懷古》[1] 這首詞：

　　　　大江東去，浪淘盡、千古風流人物。故壘西邊，人道是、三國周郎赤壁。亂石穿空，驚濤拍岸，捲起千堆雪。江山如畫，一時多少豪傑。

　　　　遙想公瑾當年，小喬初嫁了，雄姿英發。羽扇綸巾，談笑間，檣櫓灰飛煙滅。故國神游，多情應笑我，早生華髮。人生如夢，一樽還酹江月。

　　把這首作品分為二十個小句，然後用二十個身體人物樁來進行記憶，可以這樣進行：

頭髮──大江東去：
我在江邊洗頭髮，剛洗了一會兒，頭髮就隨大江往東飄去了。

. . . .

[1]　《中華經典必讀》編委會著：《中華最美古詩詞》。北京：中國紡織出版社，2012 年。

眼睛——浪淘盡、千古風流人物：

我用浪花來淘洗眼睛，洗的時候，竟然看見江底下埋着許多千古風流人物。

鼻子——故壘西邊：

我的鼻子像個堡壘凸起來，可惜它偏向了西邊。

嘴巴——人道是、三國周郎赤壁：

我在旅遊的時候，很多人都用嘴巴告訴我，我站的地方是三國時代周瑜打仗的赤壁。

耳朵——亂石穿空：

我的耳朵有很多耳洞，那是被亂石穿孔的。

脖子——驚濤拍岸：

江邊的浪花拍到岸上，把我的脖子也拍疼了。

肩膀——捲起千堆雪：

我出去走了一趟，回來的時候肩膀上就鋪滿了雪。

手掌——江山如畫：

我在自己的手掌上畫了一幅江山圖。

肚子——一時多少豪傑：

我摸了一下自己的肚子，鼓鼓的，看起來像一個豪傑的肚子。

屁股——遙想公瑾當年：

我摸了摸自己的屁股，遙想周公瑾當年，他應該是被曹軍一箭射中了屁股。

膝蓋——小喬初嫁了：

小喬嫁給周瑜的時候，兩人膝蓋着地，相互跪拜。

腳掌——雄姿英發：

周瑜的腳掌很大，走起路來雄姿英發。

如來佛——羽扇綸巾：

如來佛來到人間，搖着羽毛扇，戴上圍巾，假扮成一個書生的模樣。

觀音——談笑間：

觀音總是笑眯眯地跟別人交談。

太上老君——檣櫓灰飛煙滅：

太上老君的煉丹爐倒了，火星飛到了一艘船上，立刻檣櫓灰飛煙滅。

唐僧——故國神遊：

唐僧西天取經之後，回到大唐進行故國神遊。

孫悟空——多情應笑我：

孫悟空西天取經之後，跟着唐僧到了大唐，他以為很多人認識他，結果發現是自作多情了。

豬八戒——早生華髮：

豬八戒經常想高小姐，思慮太多，結果年紀輕輕就長了很多白頭髮。

沙僧——人生如夢：

沙僧在西遊記裏總是挑着擔子無所事事，整個人生就像夢遊一樣。

白龍馬——一樽還酹江月：

白龍馬修成正果之後，回到江邊拿起酒杯，在月亮的陪伴下給他的父老兄弟敬酒。

身體樁和人物樁，數量並不多，偶爾可以用來記一下臨時需要記憶的資料，不能經常用，經常用的話會容易產生一些記憶混淆。

● 語句椿：以題目的關鍵字句作為記憶椿

甚麼是語句椿？語句椿就是在題目中找出核心的關鍵詞或句，用每個字做椿來跟答案進行對應聯想的一種記法。有幾項答案就找幾個字組成的關鍵字或句，然後一一對應的進行聯想。這個方法通常用作對簡答題進行記憶。

例如，記憶王安石變法的主要內容：

a. 保甲法　b. 青苗法　c. 農田水利法　d. 募役法　e. 方田均稅法

這裏一共有五個答案，應該在題目中選取一個由五個字組成的句子來做記憶椿子，題目的核心「王安石變法」剛好五個字，用來做這道題的語句椿就最合適不過了。

聯想方法如下：

王——大王——大王出行的時候喜歡抱着甲魚（保甲法）。

安——安居——農民們安居的地方，地裏的青苗（青苗法）就長得好。

石——石頭——人們用石頭攔成大壩，做農田水利（農田水利法）建設。

變——政變——發生戰爭時，連木椅（普通話諧音：募役法）都可能會被用來做武器。

法——法官——法官把一塊方的田平均分給大家耕種，同時規定繳稅比例（方田均稅法）。

政治權力分配的現實模式階級分權、政黨分權、政府橫向分權、政府縱向分權。

聯想記憶：

權——拳頭——階級鬥爭需要用拳頭。

力——力量——要有足夠的力量才能組成一個政黨。

分——分開——兩個人被分開的時候基本上是橫向分開的。

配——配合——一個團隊需要相互配合的時候，常常是説上下級之間的縱向配合。

簡述四種注意品質：注意的穩定性、注意的廣度、注意的分配、注意的轉移。

聯想記憶：

注——注入——把油注入瓶子裏的時候，一定要保持瓶子的穩定。

意——得意——他非常得意地介紹説自己公司的產品線足夠寬廣。

品——品類——這麼多的物品，需要按照它們的品類分配到不同的地方存放。

質——質問——指揮官打電話來質問為甚麼部隊還不盡快轉移。

　　語句樁的運用，是要在題目中找出一個關鍵字或一句話，然後把其中的每個字都變成圖像，一個字要變成一個圖像，就需要進行靈活的圖像轉化處理。很多時候，需要記憶的簡答題內容，都是沒有固定順序的，因此可以根據語句樁的特點，靈活調整答案的順序。

　　語句樁的運用有一定難度，如果其他記憶方法（例如串聯聯想、簡化法、畫圖記憶法等）能解決問題，建議盡量選用其他更容易的方法。

數字定樁——
以數字編碼作為記憶樁

● 巧記《三十六計》：數字樁 + 圖像還原

數字定樁，就是運用數字編碼作為記憶樁來進行記憶。數字定樁是很常用的一種定樁方法。

如果要記的資料不多，例如二十個以內，那麼，串聯聯想、關鍵字聯想，基本上都能輕鬆應付。如果要記的資料有二三十個以上、一百個以下（因為數字編碼只有一百個），那麼，用數字樁就較為合適。

數字樁的運用，就是把數字轉換為相應的數字編碼圖像 (見 P.61)，然後用數字編碼跟相應的資料進行聯想。例如，我們要記住三十六計的順序：

1——瞞天過海	2——圍魏救趙	3——借刀殺人
4——以逸待勞	5——趁火打劫	6——聲東擊西
7——無中生有	8——暗渡陳倉	9——隔岸觀火
10——笑裏藏刀	11——李代桃僵	12——順手牽羊
13——打草驚蛇	14——借屍還魂	15——調虎離山
16——欲擒故縱	17——拋磚引玉	18——擒賊擒王

19——釜底抽薪	20——渾水摸魚	21——金蟬脫殼
22——關門捉賊	23——遠交近攻	24——假道伐虢
25——偷梁換柱	26——指桑罵槐	27——假癡不癲
28——上屋抽梯	29——樹上開花	30——反客為主
31——美人計	32——空城計	33——反間計
34——苦肉計	35——連環計	36——走為上策

聯想記憶參考：

1——樹——瞞天過海
聯想：小明抱着一棵樹跳進大海，樹冠幫他瞞着天，他偷偷地游泳到對岸。

2——鴨子——圍魏救趙
聯想：一群鴨子圍着衛（普通話諧音：魏）生間，救一台掉下去的照（普通話諧音：趙）相機。

3——耳朵——借刀殺人
聯想：小明借了把刀想去殺人，但是他學藝不精，不小心把自己的耳朵割傷了。

4——紅旗——以逸待勞
聯想：爬山比賽，我把紅旗放到山頂，然後就躺下來休息了，等待隊友們勞累地爬上來，看誰先上來就把紅旗給誰。

5——鉤子——趁火打劫
聯想：小明拿着鉤子去逛街，看到有間銀行着火了，趕緊把鉤子揮過去，想趁火打劫，結果被發現了。

6——勺子——聲東擊西

聯想：小明用勺子敲了一下冬瓜（東），又擊打了一下西瓜（西），看哪個瓜好就買哪個。

7——拐杖——無中生有

聯想：**我拿着一把神奇的拐杖給大家表演魔術，拐杖往牆上一指，牆上立刻出現了一台電視，這個「無中生有」的表演讓朋友們都驚呆了！**

8——葫蘆——暗渡陳倉

聯想：小明躲在一個大葫蘆裏，暗中度過了那個陳舊的倉庫（陳倉）。

9——球拍——隔岸觀火

聯想：**小明和他的同學在岸邊拿着球拍在打羽毛球，突然，對岸着火了，小明他們若無其事地繼續打球，抽空還看一下對岸的火勢燒得怎樣了。**

10——棒球——笑裏藏刀

聯想：**打棒球的時候，如果對手偷偷地向你笑，而且把球向你扔過來的時候，你要小心了，因為球裏可能會藏着一把飛刀。**

11——筷子——李代桃僵

聯想：**我拿着筷子，夾住一個李子，又夾住一個桃子，然後餵給僵屍。**

12——嬰兒——順手牽羊

聯想：**有個嬰兒到鄰居家去玩，回家的時候順手把鄰居家的羊也牽走了。**

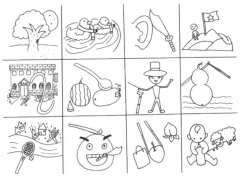

圖 3-8　數字定樁《三十六計》1～12 計示意

13——醫生——打草驚蛇

聯想：醫生給生病的植物打針時，驚動了草叢中的蛇。

14——鑰匙——借屍還魂

聯想：我借了一個屍體，然後用一把神奇的鑰匙擰了一下屍體的大腦，他的魂魄就回來了。

15——鸚鵡——調虎離山

聯想：鸚鵡用計把老虎調離了那座山。

16——楊柳——欲擒故縱

聯想：我在楊柳樹下釣魚，把魚抓住之後把它放到一個鼓中（普通話諧音：故縱），這個鼓是我專門用來裝魚的。

17——儀器——拋磚引玉

聯想：我把一塊磚頭拋入一個神奇的儀器中，不一會就變出了一塊玉。

18——泥巴——擒賊擒王

聯想：我把敵人引到泥巴地裏，然後輕鬆地抓住了他們的大王。

19——藥酒——釜底抽薪

聯想：敵人在煮藥酒的時候，我把鍋底下的柴火抽走了，讓他們煮不成。

20——摩托——渾水摸魚

聯想：我把摩托車開進一條渾濁的河裏，把魚兒都嚇暈了，我趁機摸了好幾條魚。

21——鱷魚——金蟬脫殼

聯想：鱷魚一口咬住了一隻金蟬，但沒想到金蟬把自己的殼脫掉之後就逃跑了。

22——鴛鴦——關門捉賊

聯想：鴛鴦回家的時候，發現家裏有賊，趕緊把門關上，把賊抓住了。

23——和尚——遠交近攻

聯想：和尚喜歡雲遊四分跟遠處的人交朋友，但卻經常攻打旁邊的寺廟裏的其他和尚。

24——盒子——假道伐虢

聯想：有個女孩子帶着一盒珠寶嫁到法國（普通話諧音：假道伐虢）。

圖 3-9　數字定樁《三十六計》13 ～ 24 計示意

25——二胡——偷梁換柱

聯想：小明把爸爸的二胡的樑偷偷地換成了柱子，一拉就斷了。

26——河流——指桑罵槐

聯想：小明站在河流中央，指着桑樹罵槐樹。

27——耳機——假癡不癲

聯想：小明戴上耳機聽音樂，邊聽邊跳，看起來瘋瘋癲癲的。

28——惡霸——上屋抽梯

聯想：惡霸趁着我上屋頂之後，把梯子抽走了，然後要脅我給錢。

29——鵝腳——樹上開花

聯想：**樹上沒有開花，卻長了很多鵝腳。**

30——森林——反客為主

聯想：**森林裏有很多毛毛蟲，毛毛蟲翻開一個盒子看到很多豬飼料，趕緊拿去餵豬（普通話諧音：為主）。**

31——鯊魚——美人計

聯想：**鯊魚經常扮成美人魚，吸引大家上鈎。**

32——扇兒——空城計

聯想：**諸葛亮坐着輪椅，搖着扇兒，擺下了空城計。**

33——鑽石——反間計

聯想：**我用一顆價值連城的鑽石，成功收買了一個間諜。**

34——紳士——苦肉計

聯想：**紳士通常喜歡吃苦瓜炒肉，鍛煉吃苦耐勞的精神。**

35——珊瑚——連環計

聯想：**海裏的珊瑚都是一環套一環的。**

36——山鹿——走為上策

聯想：**所有計策用完都不行，最後只能騎上山鹿，走為上策了！**

圖 3-10　數字定樁《三十六計》25 ～ 36 計示意

　　我們在進行《三十六計》記憶的時候，大部分是按照計策原本的含義去展開聯想的。但有時候計策原意的圖像不那麼生動，就適當採用諧音方式，例如「聲東擊西」「暗渡陳倉」「假道伐虢」「反客為主」等。

　　當然，大家也可以按照自己喜歡的方式進行聯想，看看從前到後聯想兩三遍，能不能把《三十六計》的順序輕鬆記住？

● 《長恨歌》倒背如流：數字椿 + 關鍵字聯想

　　數字定樁用來記那些幾十句的長詩，例如《琵琶行》《長恨歌》等，效果也是挺不錯的。畢竟，幾十句的詩，從前到後按照情景去聯想，太長會容易漏掉一部分，如果用定樁法來記憶，那就可以保證一句不漏地記住。

　　我們這裏用白居易的《長恨歌》[1] 做個例子。

．．．．．．．．．．．．．．．．．．．．

[1]　顧青編注：《唐詩三百首》。北京：中華書局，2016 年。

長恨歌
（唐）白居易

1. 漢皇重色思傾國，御宇多年求不得。
2. 楊家有女初長成，養在深閨人未識。
3. 天生麗質難自棄，一朝選在君王側。
4. 回眸一笑百媚生，六宮粉黛無顏色。
5. 春寒賜浴華清池，溫泉水滑洗凝脂。
6. 侍兒扶起嬌無力，始是新承恩澤時。
7. 雲鬢花顏金步搖，芙蓉帳暖度春宵。
8. 春宵苦短日高起，從此君王不早朝。
9. 承歡侍宴無閒暇，春從春遊夜專夜。
10. 後宮佳麗三千人，三千寵愛在一身。
11. 金屋妝成嬌侍夜，玉樓宴罷醉和春。
12. 姊妹弟兄皆列土，可憐光彩生門戶。
13. 遂令天下父母心，不重生男重生女。
14. 驪宮高處入青雲，仙樂風飄處處聞。
15. 緩歌慢舞凝絲竹，盡日君王看不足。
16. 漁陽鼙鼓動地來，驚破霓裳羽衣曲。
17. 九重城闕煙塵生，千乘萬騎西南行。
18. 翠華搖搖行復止，西出都門百餘里。
19. 六軍不發無奈何，宛轉蛾眉馬前死。
20. 花鈿委地無人收，翠翹金雀玉搔頭。
21. 君王掩面救不得，回看血淚相和流。
22. 黃埃散漫風蕭索，雲棧縈紆登劍閣。
23. 峨嵋山下少人行，旌旗無光日色薄。
24. 蜀江水碧蜀山青，聖主朝朝暮暮情。
25. 行宮見月傷心色，夜雨聞鈴腸斷聲。
26. 天旋地轉迴龍馭，到此躊躇不能去。
27. 馬嵬坡下泥土中，不見玉顏空死處。
28. 君臣相顧盡霑衣，東望都門信馬歸。
29. 歸來池苑皆依舊，太液芙蓉未央柳。

30. 芙蓉如面柳如眉，對此如何不淚垂。

31. 春風桃李花開日，秋雨梧桐葉落時。

32. 西宮南內多秋草，落葉滿階紅不掃。

33. 梨園弟子白髮新，椒房阿監青娥老。

34. 夕殿螢飛思悄然，孤燈挑盡未成眠。

35. 遲遲鐘鼓初長夜，耿耿星河欲曙天。

36. 鴛鴦瓦冷霜華重，翡翠衾寒誰與共。

37. 悠悠生死別經年，魂魄不曾來入夢。

38. 臨邛道士鴻都客，能以精誠致魂魄。

39. 為感君王輾轉思，遂教方士殷勤覓。

40. 排空馭氣奔如電，昇天入地求之遍。

41. 上窮碧落下黃泉，兩處茫茫皆不見。

42. 忽聞海上有仙山，山在虛無縹緲間。

43. 樓閣玲瓏五雲起，其中綽約多仙子。

44. 中有一人字太真，雪膚花貌參差是。

45. 金闕西廂叩玉扃，轉教小玉報雙成。

46. 聞道漢家天子使，九華帳裏夢魂驚。

47. 攬衣推枕起徘徊，珠箔銀屏迤邐開。

48. 雲鬢半偏新睡覺，花冠不整下堂來。

49. 風吹仙袂飄颻舉，猶似霓裳羽衣舞。

50. 玉容寂寞淚闌干，梨花一枝春帶雨。

51. 含情凝睇謝君王，一別音容兩渺茫。

52. 昭陽殿裏恩愛絕，蓬萊宮中日月長。

53. 回頭下望人寰處，不見長安見塵霧。

54. 惟將舊物表深情，鈿合金釵寄將去。

55. 釵留一股合一扇，釵擘黃金合分鈿。

56. 但教心似金鈿堅，天上人間會相見。

57. 臨別殷勤重寄詞，詞中有誓兩心知。

58. 七月七日長生殿，夜半無人私語時。

59. 在天願作比翼鳥，在地願為連理枝。

60. 天長地久有時盡，此恨綿綿無絕期。

圖 3-11　《長恨歌》提示關鍵字圖像示意

　　《長恨歌》描寫的是唐明皇和楊貴妃的悲劇愛情故事，共六十句、八百四十個字。許多人可能沒讀過這首詩，建議大家在記憶之前先讀幾遍，看看翻譯和賞析，然後再進行記憶。在熟悉句子和意思的基礎上再記憶，就會更快一些。

　　這種幾十句的詩，最適合用數字樁來進行記憶。六十句詩，我們可以用數字樁 1～60 的數字編碼來説明記憶，每句詩固定在一個數字上。從每句詩中提取有提示作用的一兩個字或一兩個關鍵字（盡量靠前面的），把這些字或詞的圖像跟對應的數字編碼進行聯想。這樣，每個數字編碼之後，都跟着一組生動的畫面，只要把這些畫面記住，這些句子就可以記住了。

　　回憶的時候，把六十個數字編碼回憶一遍，就能把整首詩一句不漏地回憶出來了。

　　聯想記憶參考：

1. 漢皇重色思傾國，御宇多年求不得。

1──樹──漢皇

聯想：**有個皇帝坐在樹上，不停地出汗（漢皇），因為他在思念傾城美人。**

2. 楊家有女初長成，養在深閨人未識。

2──鴨子──楊、女

聯想：**一隻鴨子向羊的女兒求親，可是那個女孩才剛剛長大。**

3. 天生麗質難自棄，一朝選在君王側。

3──耳朵──麗質

聯想：**我的耳朵裏長出了一個很大的荔枝（普通話諧音：麗質），我不忍心把它丟掉，於是就把它獻給了君王。**

4. 回眸一笑百媚生，六宮粉黛無顏色。

4──紅旗──回眸一笑

聯想：**紅旗一展開，美女回頭一笑，立刻嚇得大家臉上血色全無。**

5. 春寒賜浴華清池，溫泉水滑洗凝脂。

5──鉤子──賜浴

聯想：**楊貴妃把衣服放在鉤子上，然後跳進華清池洗浴。**

6. 侍兒扶起嬌無力，始是新承恩澤時。

6──勺子──侍兒

聯想：**侍女用勺子把楊貴妃撈起來，因為她實在沒力氣站起來了。**

7. 雲鬢花顏金步搖，芙蓉帳暖度春宵。

7──拐杖──金步搖

聯想：**楊貴妃拄着拐杖慢慢地走着，邁一步就搖一下（金步搖），慢慢走到芙蓉帳裏去度春宵。**

8. 春宵苦短日高起，從此君王不早朝。

8──葫蘆──春宵

聯想：**太陽從葫蘆裏冒了出來，漸漸升高，但是君王還不肯起來做早操。**

9. 承歡侍宴無閒暇，春從春遊夜專夜。

9——球拍——侍宴

聯想：**侍女們拿着球拍幫君王開路，去赴晚宴。**

10. 後宮佳麗三千人，三千寵愛在一身。

10——棒球——佳麗

聯想：**我到房子的後院去打棒球，但那裏竟然有三千佳麗在打棒球，亂成一團。**

11. 金屋妝成嬌侍夜，玉樓宴罷醉和春。

11——筷子——金屋

聯想：**我拿了一雙筷子，跑進一座金屋，偷偷夾走了幾個金元寶。**

12. 姊妹弟兄皆列土，可憐光彩生門戶。

12——嬰兒——姊妹弟兄

聯想：**這個嬰兒的所有姊妹弟兄都被皇上列土分茅了。**

13. 遂令天下父母心，不重生男重生女。

13——醫生——父母

聯想：**天下的父母都想找醫生來判斷自己到底懷的是男孩還是女孩。**

14. 驪宮高處入青雲，仙樂風飄處處聞。

14——鑰匙——驪宮

聯想：**神仙給了我一把鑰匙，可以打開一座美麗的宮殿（驪宮），這個宮殿很高，可以直上青雲，在那裏，就可以聽到仙樂隨風飄。**

15. 緩歌慢舞凝絲竹，盡日君王看不足。

15——鸚鵡——緩歌慢舞

聯想：**鸚鵡在慢慢地唱歌、慢慢地跳舞，配合慢悠悠的音樂，讓君王整天都看不膩。**

16. 漁陽鼙鼓動地來，驚破霓裳羽衣曲。

16——楊柳——漁、鼓

聯想：**楊柳岸邊，漁夫們都擂起了鼓，河裏的魚兒聽到之後，紛紛跳上岸。**

17. 九重城闕煙塵生，千乘萬騎西南行。

17——儀器——城闕、煙塵

聯想：**一個巨大的儀器從城闕上掉了下來，激起大片煙塵。**

18. 翠華搖搖行復止，西出都門百餘里。

18——籬笆——搖搖

聯想：**楊貴妃坐在轎子裏，搖搖晃晃往前走，走走停停。**

19. 六軍不發無奈何，宛轉蛾眉馬前死。

19——藥酒——六軍不發

聯想：**藥酒不夠，士兵們的傷勢得不到緩解，所以六軍都沒辦法前進。**

20. 花鈿委地無人收，翠翹金雀玉搔頭。

20——摩托——花、地

聯想：**我騎着摩托在花地裏馳騁。**

21. 君王掩面救不得，回看血淚相和流。

21——鱷魚——掩面、血淚

聯想：**一隻兇狠的鱷魚向美女張開血盆大口，狠狠地咬了下去，嚇得群眾掩面不敢看，想救也來不及了，回頭一看，血和淚像小河一樣流了起來。**

22. 黃埃散漫風蕭索，雲棧縈紆登劍閣。

22——鴛鴦——黃埃

聯想：**一對兇狠打鬥的鴛鴦飛了起來，弄得黃色的塵埃滿天飛舞。**

23. 峨嵋山下少人行，旌旗無光日色薄。

23——和尚——峨嵋山

聯想：**一群無惡不作的和尚霸佔了峨嵋山，山下的行人少了很多，連山上原本鮮艷的旌旗也變得沒有了光彩，太陽的顏色也黯淡了。**

24. 蜀江水碧蜀山青，聖主朝朝暮暮情。

24——盒子——蜀江

聯想：**一個漂亮的盒子漂浮在碧綠的蜀江上，流到了青翠的蜀山，那裏面裝着聖主的情書。**

25. 行宮見月傷心色，夜雨聞鈴腸斷聲。

25——二胡——行宮、月

聯想：皇帝行宮裏的宮女們看見了月亮，變得傷心起來，於是拉起了傷感的二胡，這時，夜雨飄落，鈴聲響起，二胡拉斷了，腸子也斷了。

26. 天旋地轉迴龍馭，到此躊躇不能去。

26——河流——天旋地轉

聯想：我不小心落到了河裏，一陣天旋地轉的感覺之後，我發現自己變成了一條龍，到此我躊躇了起來，不知道應該到龍宮去，還是回到地面的家裏。

27. 馬嵬坡下泥土中，不見玉顏空死處。

27——耳機——馬嵬坡、泥土

聯想：那匹馬戴上耳機，聽起了音樂，馬尾巴（馬嵬）興奮地插入到泥土中，挖出了像玉一樣漂亮的岩石，可惜裏面是空的。

28. 君臣相顧盡露衣，東望都門信馬歸。

28——惡霸——君臣

聯想：惡霸把君臣欺負得淚流滿面，淚水都沾到了衣服上，他們只好向東回都門那邊找救兵。

29. 歸來池苑皆依舊，太液芙蓉未央柳。

29——鵝腳——歸來

聯想：我買了很多鵝腳歸來，可惜不小心全掉到池子裏了。

30. 芙蓉如面柳如眉，對此如何不淚垂。

30——森林——芙蓉、柳

聯想：森林裏全都是芙蓉花，另外還有一些柳樹，這麼單調的森林怎能讓人不落淚？

31. 春風桃李花開日，秋雨梧桐葉落時。

31——鯊魚——桃李花開、梧桐葉落

聯想：一條巨大的鯊魚遊到了岸上，桃李的花兒嚇得呆呆地開放，而梧桐則嚇得葉子紛紛落地。

32. 西宮南內多秋草，落葉滿階紅不掃。

32——扇兒——秋草、落葉

聯想：秋天來了，西宮裏有很多秋草和落葉，也沒人打掃，我用扇兒一扇，全都漫天飛舞起來。

33. 梨園弟子白髮新，椒房阿監青娥老。

33——鑽石——梨園

聯想：我拿出幾顆大鑽石，獎勵那些唱戲很賣力的梨園弟子，他們一直訓練到頭髮都花白了。

34. 夕殿螢飛思悄然，孤燈挑盡未成眠。

34——紳士——夕殿

聯想：一位紳士來到了夕陽照耀下的一座宮殿，裏面有很多螢火蟲在悄悄地飛，紳士把殿裏唯一的一盞燈吹滅了，卻還是不能入眠。

35. 遲遲鐘鼓初長夜，耿耿星河欲曙天。

35——珊瑚——鐘鼓

聯想：那些珊瑚慢慢地長，終於長成了鐘鼓的模樣，敲一敲還能響。

36. 鴛鴦瓦冷霜華重，翡翠衾寒誰與共。

36——山鹿——鴛鴦

聯想：一隻山鹿飛奔而來，背上馱着一對鴛鴦，這對鴛鴦被冰霜覆蓋着，身體又冷又沉重。

37. 悠悠生死別經年，魂魄不曾來入夢。

37——山雞——悠悠、生死

聯想：我看見一隻山雞慢悠悠地走着，好像半死不活似的，原來它的魂魄飛走了。

38. 臨邛道士鴻都客，能以精誠致魂魄。

38——沙發——道士

聯想：沙發上端坐着一個窮道士，他是我們的客人，別看他窮，他卻能集中精神，專心致志地為死人招魂魄。

39. 為感君王輾轉思，遂教方士殷勤覓。

39──三角尺──輾轉、方士

聯想：君王曾經看到過一個神奇的三角尺，一直輾轉思念，很多方士去殷勤地幫他尋找。

40. 排空馭氣奔如電，昇天入地求之遍。

40──司令──排空、馭氣、升天入地

聯想：我們的司令很有氣勢，腹部排空的時候，如雷電一樣奔騰作響，排出來的氣體一下子就像閃電那樣升天入地、遍佈世間。

41. 上窮碧落下黃泉，兩處茫茫皆不見。

41──司儀──上、下

聯想：司儀在主持會議的時候，所有人都跑光了，天上、地下一個人都沒有。

42. 忽聞海上有仙山，山在虛無縹緲間。

42──柿兒──仙山

聯想：這顆柿兒可是採自海上的仙山，非常有營養，吃了之後你就會覺得這世界變得虛無縹緲了。

43. 樓閣玲瓏五雲起，其中綽約多仙子。

43──石山──樓閣、仙子

聯想：這座石山上有一個漂亮的樓閣，裏面飄浮着五彩的雲朵，透過彩雲，你可以隱約地看到許多仙子。

44. 中有一人字太真，雪膚花貌參差是。

44──獅子──一人、雪膚花貌

聯想：這個獅子上面坐着一個人，有着如雪的肌膚和如花的容貌。

45. 金闕西廂叩玉扃，轉教小玉報雙成。

45──師父──金闕、玉扃

聯想：師父來到一個有金絲雀（金闕）的門前，叩了一下門上的玉環（玉扃），叫開門的丫鬟小玉進去報告。

46. 聞道漢家天子使，九華帳裏夢魂驚。

46——石榴——聞道、天子

聯想：**石榴兄弟們聽說（聞到）天子想要吃它們，嚇得趕緊從蚊帳裏爬起來。**

47. 攬衣推枕起徘徊，珠箔銀屏迤邐開。

47——司機——衣、枕

聯想：**司機要起床去開車了，他拿起衣服，推開枕頭，起來徘徊了一會兒，有珍珠箔衣的銀屏在他面前展開了，這裏是他的車庫。**

48. 雲鬢半偏新睡覺，花冠不整下堂來。

48——石板——雲鬢、花冠

聯想：**石板砸下來，砸中了那個女孩的雲鬢，把她的花冠也打偏了。**

49. 風吹仙袂飄飄舉，猶似霓裳羽衣舞。

49——石球——仙袂

聯想：**一陣風吹來，我從衣袖（仙袂）裏彈出一個個石球，那樣子就像在跳霓裳羽衣舞。**

50. 玉容寂寞淚闌干，梨花一枝春帶雨。

50——武林高手——玉容、淚

聯想：**那個武林高手是個女的，她無敵又寂寞，玉容上的淚珠滴落到梨花上，就像下雨一樣。**

51. 含情凝睇謝君王，一別音容兩渺茫。

51——狐狸——含情、音容

聯想：**那隻狐狸含情脈脈地看着君王，害怕離別之後聲音和容貌都會變得模糊。**

52. 昭陽殿裏恩愛絕，蓬萊宮中日月長。

52——斧兒——昭陽殿、恩愛絕

聯想：**我拿出斧兒，在太陽照耀的宮殿（昭陽殿）裏，斬斷了彼此的情絲，從此恩愛斷絕了。**

53. 回頭下望人寰處，不見長安見塵霧。

53——火山——回頭、長安、塵霧

聯想：**火山爆發，我在雲端上回頭往下望了一眼，沒看見長安，只看見了很多煙霧。**

54. 惟將舊物表深情，鈿合金釵寄將去。

54——護士——舊物、金釵

聯想：那個護士從一堆破舊的物品中找出了她常用的針筒，跟別人換了一支金釵，寄回家裏給家人。

55. 釵留一股合一扇，釵擘黃金合分鈿。

55——木屋——釵、扇、黃金

聯想：木屋的屋頂有一個巨大的釵子，插着一把扇子，那把扇子是用黃金造成的，金光閃閃，合起來又分開，分開又合上。

56. 但教心似金鈿堅，天上人間會相見。

56——蝸牛——心、天上人間

聯想：一隻蝸牛爬進了我的內心，蝸牛殼讓我的內心變得像黃金一樣堅硬。

57. 臨別殷勤重寄詞，詞中有誓兩心知。

57——武器——臨別

聯想：臨別的時候，我把自己的武器送給了她，重複多次叮囑她，非萬不得已時不要使用。

58. 七月七日長生殿，夜半無人私語時。

58——火把——長生殿

聯想：**火把在長生殿裏一直燃燒了七月七日。**

59. 在天願作比翼鳥，在地願為連理枝。

59——五角星——比翼鳥、連理枝

聯想：**我把尖尖的五角星往天上一拋，刺中了兩隻在一起飛的鳥，它們墜落到地上，還依然緊密地連在一起。**

60. 天長地久有時盡，此恨綿綿無絕期。

60──榴槤──天長地久、恨

聯想：我家裏的榴槤幾乎要放到天長地久了，媽媽還是不讓我吃，恨得我牙癢癢的，看來要吃它是綿綿無期了。

數字椿，只是說明我們記住每句的提示詞，至於通過這一兩個提示詞是否能把整句話回憶出來，那還取決於對整句話的聯想是否緊密。通常在記憶的時候，先對每句詩進行聯想，讓每句詩都能熟練背出來，然後再進行數字定椿。定椿主要解決的是上下句之間不能流暢回憶的問題。

《長恨歌》這六十句，按照上面的數字定椿來進行聯想，從第一句到最後一句聯想完，回憶一下看看，或許能記住 50% 左右；然後再從頭到尾複習一遍，回憶率或許能達到 80% 左右。這樣，複習三五遍，基本上就能一字不漏地回憶出來！這個時候，別人無論問第幾句，都能脫口而出，這就達到了抽背、倒背（從最後一句背到第一句）的效果了！

過一段時間，如果不複習，可能又會忘記一部分（例如忘記 30%），稍微複習一下，很快又能準確地進行回憶。總之，運用圖像記憶的方法，記得牢，不容易忘記，即使忘記了一部分，稍微複習一下，很快又能掌握。這就是圖像記憶的威力！

數字編碼只有一組，如果同時用來記好幾組資料，有些地方可能會出現記憶混淆。出現混淆的時候，只需要在想像上多做一些區分，多複習幾遍，就沒甚麼問題了。當然，重複愈多，混淆的可能性就會愈大，因此，建議長期記憶的資料盡量不要超過十組。

記憶宮殿——
大腦空間記憶能力的無限量應用

前面我們介紹的定樁法，身體樁、人物樁、數字樁等，都挺好用，但這些樁的缺點就是：數量太少，難以應付大量的記憶資料。

例如數字樁，雖然有一百個，足以應付一百個以內的記憶資料，但如果有一百個以上甚至好幾百個記憶資料的時候，數字樁就不夠用了。另外，當我們要記的資料有好多組（假設有幾十首長詩詞），反覆使用數字樁就會容易出現記憶混淆。

當然，如果我們所需要記憶的資料都是短期的、為了應付考試的，這次記幾組，考完試之後忘掉，然後下次再記幾組。這樣的話，數字樁是可以應付的。然而，有很多資料（尤其是經典，如詩詞經典、古文經典、國學經典等）是值得我們記憶一輩子的，這個時候，數字樁就不夠用了。

那麼，有沒有一種記憶樁，可以有無限數量，能夠應付無限的資料呢？

有的，就是地點樁，也叫記憶宮殿。

● 只需幾眼，就能把眼前物品的排列順序記住

古羅馬著名政治家、演說家西塞羅，在其《論演說家》一書中，在講到雄辯的五個部分之一的「記憶」時，講述了西蒙尼戴斯發明記憶術的故事，並且簡單介紹了羅馬演說家使用場景和形象的記憶方法。

傳說在古希臘貴族的盛大宴會上，屋頂突然坍塌，導致賓客們集體遇難，屍體被壓得血肉模糊，家屬們無從認屍。唯一生還的詩人兼哲學家西蒙尼戴斯記得宴席上每個人就座的位置，他依照腦海中的記憶宮殿，逐一念出死亡賓客的名字與座位，成為傳說中記憶術的創始人。

古羅馬的雄辯家運用記憶宮殿的方法來提高記憶力，使自己能夠毫無記憶差錯地發表長篇演說。記憶術就這樣作為演說藝術的一部分，在歐洲傳統文化中流傳了下來。後來，隨着演說、雄辯風潮的消退，記憶術也逐漸被人遺忘。

到了 21 世紀，這種古老的記憶宮殿法，通過英國托尼·布詹所發起的世界記憶錦標賽流傳到了中國，並掀起了記憶訓練、大腦訓練的熱潮。

記憶宮殿（地點樁），其實就是運用了我們大腦天生非常強大的空間記憶力。例如，我們可以很輕鬆地回憶起我們家裏各種主要物品的擺設，可以很輕鬆地回憶起我們家附近的一些主要建築，也可以很輕鬆地回憶起我們從家裏到學校（或者到公司）所經過的一些地點。

記憶宮殿的運用，其實真正幫助我們記憶的，往往不是一個大的宮殿、一個大的建築、一個大的房子，而是在房子裏或者戶外那些按照一定順序來排列的物品。只要我們記住了這些物品的順序，那麼，我們就可以運用這些物品進行快速記憶。

空間記憶力是大腦賦予我們的一種強大記憶力，它不同於我們所說的圖像記憶能力，圖像記憶是需要有故事、有動作的，而空間記憶只需要看幾眼，就能把眼前物品的排列順序輕鬆記住。

記憶宮殿的運用，則是把大腦的空間記憶與圖像記憶融合在一起，既解決了順序記憶的問題，又有圖像記憶的效果，同時還有空間記憶的加持，因此是一種威力強大的記憶方法。記憶大師和最強大腦選手在進行那些令人瞠目結舌的記憶展示時，通常都是運用記憶宮殿法。

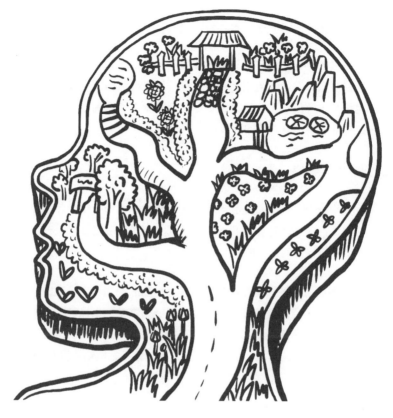

圖 3-12　記憶宮殿

● 選取記憶宮殿的四大原則

在我們的生活環境之中，可以找到大量的記憶宮殿，但關鍵是，要找到適合自己的、好用的記憶宮殿才行。怎樣來選取合適的記憶宮殿呢？先看看選取記憶宮殿（地點樁）的四大原則：

第一大原則：熟悉

首先，我們要從熟悉的環境中找地點樁，例如我們的家、學校、公園、上班的公司等。其一，我們天生具備以熟記生的本領，地點樁法就是這種本領的應用；其二，對於熟悉環境中的地點，通過回憶我們以往在這裏的情景，會有情感上的感觸與體悟，

這種情感可以大大提升記憶效率。

其次，當熟悉地點的數量無法滿足需要時，我們可以去新的地方尋找，例如說一個從未去過的旅遊景點等。到了新地方之後，可以用照相機將地點樁拍攝下來，供我們反覆回憶強化，將這些不太熟悉的地點慢慢轉化成熟悉的地點。等我們把這些地點熟悉到一定程度之後，就可以開始運用了。

第二大原則：順序

我們通常會按照順時針或者逆時針的順序來找地點樁，從而保證找出的地點樁容易回憶。在記憶活動中，記住材料的順序是成功記憶的關鍵要素之一，地點樁的順序屬性正好解決了記憶順序這一問題。

需要注意的是，我們這裏所說的順序是指物品的空間順序，而不是我們日常活動的時間順序。另外，我們要選擇固定的物品（比如電視、馬桶等，一般不會移動），而不要選擇會活動的物品（比如家裏養的寵物，或者跑來跑去的玩具汽車，以及到處放的錢包），因為活動的物品一旦改變了位置，就會打亂地點樁原有的順序。

第三大原則：變化

個性鮮明、特徵突出、變化多樣（形狀、顏色、大小等）、有趣味又有足夠區分度的物品更受大腦的喜愛，所以我們一般會選取那些富於變化的物體作為地點樁，而盡量不選擇單調重複的物品作為地點樁。例如，接連幾扇窗、接連幾張沙發，這些重複的物品就不適合作為單獨的地點樁。

當然，也不是說重複的物品就一定不能選擇，非得選擇的話，最好從不同的方位、採用不同的視角去觀察，比如床的左右兩側各有一個床頭櫃，一個選擇床頭櫃的表面，另一個選擇床頭櫃裏拉出來的抽屜。或者在其中一個地點樁上虛擬出一個不同的物體，比如在另一個床頭櫃上擺放一個漂亮的花瓶（在此將花瓶作為地點樁，而不選擇重複性的床頭櫃）。

另外，地點樁的路徑也要富於變化，在同一條直線上選取的地點樁一般不超過三個，超過三個就容易記不清順序。漫步在曲折變化的路徑上，可以更加輕鬆愉快地欣

賞沿途風景，而且記得又快又牢。

第四大原則：適中

大小適中：一般可以參照檯燈至窗戶大小來選擇地點樁，比如馬桶、浴缸、洗手盆等。太大的地點（比如一棟樓），運用起來會有些空曠；太小的地點（比如一支鋼筆），則無法給圖像記憶提供足夠大的表演舞台。

距離適中：兩個地點樁之間的距離，我們一般控制在 0.5～15 米的範圍內。兩個地點樁之間的距離太遠，會影響記憶的均速連續性，干擾我們的記憶節奏；兩個地點樁之間的距離太近，臨近兩個地點樁上的圖像很有可能會重疊、相互干擾。

高低適中：我們一般選取正常視線範圍內的物品作為地點樁。過高或過低的地點，由於不在我們正常的視線內，容易遺忘。例如一個房間裏，我們盡量選擇平行視線能看見的物品，而不選擇天花板、吊燈、地毯等需要抬頭或者低頭才能看見的物品。

亮度適中：我們一般選取自然光亮度下的物品。亮度太高，就像照相機曝光過度那樣，影響圖像記憶的清晰度；如果亮度太低，像黑夜般伸手不見五指，則根本無法看清東西，也就很難發揮圖像記憶的威力。

● 搭建屬於自己的記憶宮殿

明白了選取記憶宮殿的四大原則之後，接下來，我們就可以開始動手搭建屬於自己的記憶宮殿了。要搭建一套好用的記憶宮殿，可以按照以下三大步驟來進行。

第一步：預設前進路線

在實地尋找地點樁之前，我們可以閉目回憶那個我們即將要選取地點的熟悉場所，以及場所裏發生的往事，重新體驗當時的情景與感受。然後，在這種情感中慢慢安靜下來，想像自己重新回到了這個場所，按照一定的路線（例如順時針或逆時針）來前進。

在想像之中，我們一步步走到合適的地點，按照規則選出第一個地點樁，全方位觀察這個地點樁，並選擇一個最佳視角進一步仔細觀察，同時體會那種身臨其境的感受；按照以上方式選取和觀察第兩個地點樁⋯⋯當走到第十個地點樁的時候，將前十個複習回顧一下⋯⋯以此類推，直到全部複習完畢後輕輕睜開眼睛。

注意，在閉目回憶的時候，某些地點可能無法清晰準確地呈現出來，此時毋須過多糾結，在後續步驟中採取措施彌補完善即可。

第二步：實地觀察取景

進入現場，根據此前預選地點樁和預設前進路線，實地觀察場景中的各個物品，根據選取規則確定地點樁，站在適當的位置，從最佳視角對每一個地點樁拍攝取景（當然，一張照片中可以同時包含幾個地點樁）。

需要注意的是，我們不僅僅運用外在的工具進行拍攝，更重要的是要動用我們人體特有的、帶有五種感官（觸覺、視覺、聽覺、味覺和嗅覺）的「照相機」進行拍攝，也就是要摸一摸、看一看、聽一聽、嘗一嘗、聞一聞。而且，對於在想像中感到模糊的地點，實地選取的時候，需要經過觀察加強印象之後再拍攝取景。另外，跟上面第一步所說的那樣，每十個地點樁需要閉目回憶一下。

在實地選取地點的時候，最好每五個或十個地點為一組。例如一個房間裏面，比較適合我們選取的物品有九個，那麼，我們最好能夠多找一個湊夠十個。如果一個房間裏面適合我們選取的物品有十二個，那麼，我們寧願選擇其中的十個，而放棄另外兩個。

第三步：整理地點樁

在前兩步的基礎上，將拍攝的地點樁圖片編號整理，方便日後複習回顧和實戰應用。

並且，根據圖片的順序，把地點樁的編號和名稱整理成文稿，為日後的複習和運用打好基礎。例如，可以按照以下方式進行整理：

編號	家裏客廳
1	大門
2	鞋架
3	餐桌
4	沙發
5	冰箱
6	……

由於我們的地點樁主要是從現實場景中找尋的，在運用的過程中，難免會發現有各種各樣的瑕疵，例如，有的地點樁之間相隔有些遠，有的地點樁又靠得太近，有的重複但又不想捨棄……

這時，我們可以運用「加、減、變化」這三道板斧來解決以上的問題。例如，兩個地點相隔有點遠，我們可以運用想像力增加一個虛擬地點，建議通過網路等途徑找尋出個性特徵突出的圖片作為虛擬地點，並通過反覆觀察進行強化。如果地點樁靠得太近或重複，則可以刪減。

對於重複但又不想捨棄的地點，我們可以從不同的視角觀察或者運用地點的不同部位，或者一個保持原樣，而在另一個地點上虛擬出一個不同的特點。例如，臨近的兩個沙發你都想用，可以想像其中一個沙發的扶手處有一排釘子。

● 《春江花月夜》記憶宮殿法示範

地點樁用來記長篇詩詞，還是挺不錯的。尤其是那些十多句、二十多句的詩詞，不像《琵琶行》《長恨歌》那麼長，用數字樁來記有點浪費，這時用地點樁就比較合適。

例如張若虛的《春江花月夜》，共十八句，這首詩雖然是寫景的，有很強的圖像感，但因為江、月、人景象等反覆出現，容易混淆，直接從前到後串聯的情景聯想法不那麼容易應付，這種情況用地點椿來記憶，就會比較輕鬆。

地點椿建議用自己實地觀察的地點，那樣更有空間記憶的威力。但這裏做例子的時候，我們用一套虛擬的地點作為說明，讓大家通過例子明白地點椿的用法，以後要記其他詩詞的時候，則可以在自己的生活場景中選取真實的地點。

春江花月夜 [1]
〔唐〕張若虛

春江潮水連海平，海上明月共潮生。
灩灩隨波千萬里，何處春江無月明！
江流宛轉繞芳甸，月照花林皆似霰。
空裏流霜不覺飛，汀上白沙看不見。
江天一色無纖塵，皎皎空中孤月輪。
江畔何人初見月？江月何年初照人？
人生代代無窮已，江月年年只相似。
不知江月待何人，但見長江送流水。
白雲一片去悠悠，青楓浦上不勝愁。
誰家今夜扁舟子？何處相思明月樓？
可憐樓上月徘徊，應照離人妝鏡台。
玉戶簾中卷不去，擣衣砧上拂還來。
此時相望不相聞，願逐月華流照君。
鴻雁長飛光不度，魚龍潛躍水成文。
昨夜閑潭夢落花，可憐春半不還家。
江水流春去欲盡，江潭落月復西斜。
斜月沉沉藏海霧，碣石瀟湘無限路。
不知乘月幾人歸，落月搖情滿江樹。

----

[1] 于丹著：《跟丹老師一起讀最美古詩詞》。北京：北京聯合出版公司，2013 年。

下面有客廳和洗手間各十個地點，我們選取客廳 1～10 和洗手間 1～8，共十八個地點，按順序來記憶這首《春江花月夜》。

　　圖 3-13　客廳地點：1. 沙發 2. 窗簾 3. 音箱 4. 花盆 5. 電視櫃 6. 電視機 7. 門把手 8. 沙發 9. 垃圾桶 10. 茶几

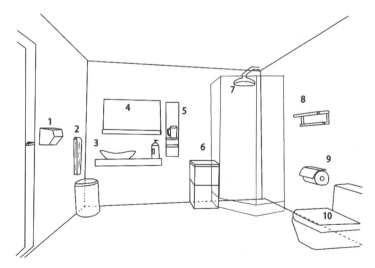

　　圖 3-14　洗手間地點：1. 盒子 2. 毛巾 3. 洗手盤 4. 鏡子 5. 杯子 6. 收納盒 7. 淋浴頭 8. 架子 9. 衛生紙 10. 馬桶

聯想記憶參考：

1——沙發——春江潮水連海平，海上明月共潮生。
聯想：春江潮水湧到沙發上，枕頭都漂起來了。

2——窗簾——灩灩隨波千萬里，何處春江無月明！
聯想：窗簾隨着波濤漂啊漂，漂了千萬里。

3——音箱——江流宛轉繞芳甸，月照花林皆似霰。
聯想：音箱的音樂隨着江流婉轉飄出，飄到了花林那邊。

4——花盆——空裏流霜不覺飛，汀上白沙看不見。
聯想：花盆結冰了，裏面不斷有寒冷的霜氣飛出來，連花盆裏的沙都看不見了。

5——電視櫃——江天一色無纖塵，皎皎空中孤月輪。
聯想：電視櫃上面被我擦得一塵不染。

6——電視機——江畔何人初見月？江月何年初照人？
聯想：電視螢幕上飛過一個月亮，誰看見了？我還感覺到月光照了我一下。

7——門把手——人生代代無窮已，江月年年只相似。
聯想：無窮無盡的人擰開門把手出出進進，變的是人，不變的是門把手。

8——沙發——不知江月待何人，但見長江送流水。
聯想：沙發上坐着一個月亮，不知道它在等誰。

9——垃圾桶——白雲一片去悠悠，青楓浦上不勝愁。
聯想：垃圾桶上的垃圾都堆到白雲上了，垃圾愈來愈多，讓人發愁。

10——茶几——誰家今夜扁舟子？何處相思明月樓？
聯想：茶几上有一葉扁舟，有個男人坐在扁舟上相思。

11——盒子——可憐樓上月徘徊，應照離人妝鏡台。
聯想：盒子上有個月亮在徘徊。

12——毛巾——玉戶簾中卷不去，擣衣砧上拂還來。
聯想：**我想把毛巾捲起來，但總是捲不起來。**

13——洗手盆——此時相望不相聞，願逐月華流照君。
聯想：**洗手盆裏有水，我可以看見水中的自己，卻聽不見水中人説話。**

14——鏡子——鴻雁長飛光不度，魚龍潛躍水成文。
聯想：**我看見鏡子裏飛過了一隻鴻雁，速度很快，連光速都趕不上它。**

15——杯子——昨夜閑潭夢落花，可憐春半不還家。
聯想：**我昨晚拿這個杯子漱口的時候，看見杯子裏有落花。**

16——收納盒——江水流春去欲盡，江潭落月復西斜。
聯想：**收納盒裏裝滿了水，我把水倒出來，水很快就流走了。**

17——淋浴頭——斜月沉沉藏海霧，碣石瀟湘無限路。
聯想：**我打開淋浴頭，立刻霧氣彌漫，裏面好像藏着一個彎彎的月亮。**

18——架子——不知乘月幾人歸，落月搖情滿江樹。
聯想：**架子上有幾個人，他們是乘着月亮過來的。**

● 地點椿小試牛刀：速記四十個沒有規律數字

記憶宮殿用來記憶沒有規律資料，是非常有效的，例如記下面這些沒有規律數字：

> 1279　1346　5437　3407　8825　1160　8408　9218　2656　4593

一串抽象、枯燥沒有規律數字，如果死記硬背，是很難記下來的。如果用串聯聯想的方法，前面這四十個數字就相當於二十個編碼圖像，只要編碼熟練，要把這二十個圖像串連起來，也並非難事。

這裏我們用記憶宮殿的方法來進行記憶，看看跟串聯聯想法有甚麼不同。

運用記憶宮殿（地點樁）來進行記憶，通常在每個地點上會放入兩個圖像（相當於四個數字），那麼四十個數字就需要用到十個地點。

我們還是用上面的十個地點樁來進行舉例，如果讀者已規劃好地點的，也可以用自己的地點樁來進行練習。

我們先來回顧一下客廳的十個地點，看看閉上眼睛是否能輕鬆回憶出來（見圖3-13）：

1. 沙發　　2. 窗簾　　3. 音箱　　4. 花盆　　5. 電視櫃
6. 電視機　7. 門把手　8. 沙發　　9. 垃圾桶　　10. 茶几

要記的四十個數字以及它們對應的編碼 (見 P.61) 如下：

1279　1346　5437　3407　8825
8408　1160　4092　4556　5193

嬰兒、氣球；醫生、石榴；

護士、山雞；紳士、拐杖；

爸爸、二胡；巴士、葫蘆；

筷子、榴槤；司令、球兒；

師父、蝸牛；狐狸、救生圈。

把這些數字編碼的圖像放在相應的地點上，然後進行互動，就有了下面這樣的聯想：

沙發：1279（嬰兒、氣球）
沙發上坐着一個嬰兒，嬰兒不小心捏爆了一個氣球。

窗簾：1346（醫生、石榴）
窗簾後面有位醫生在吃石榴。

音箱：5437（護士、山雞）

音箱上坐着一位護士，她正在給受傷的山雞打針。

花盆：3407（紳士、拐杖）

花盆上站着一位紳士，他用拐杖戳掉了很多花瓣。

電視櫃：8825（爸爸、二胡）

電視櫃上坐着爸爸，他正在憂傷地拉着二胡。

電視機：8408（巴士、葫蘆）

電視機裏飛出了一輛巴士，巴士上裝滿了葫蘆。

門把手：1160（筷子、榴槤）

我用筷子從門把手裏夾出了一個榴槤。

沙發：4092（司令、球兒）

沙發上坐着一位司令，他開槍把一個球兒打爆了。

垃圾桶：4556（師父、蝸牛）

師父從垃圾桶裏撿起一隻蝸牛，然後把它放生了。

茶几：5193（狐狸、救生圈）

茶几上有一隻狐狸，它身上套着一個救生圈。

通過剛剛的聯想，是不是很快就能把這四十個數字輕鬆記住呢？

而且，用這個方法的話，如果你想從最後一個數字倒背到第一個的話，也能輕鬆做到。只要把地點從最後一個往第一個倒着回憶，然後把圖像所代表的數字從後往前說就行了。例如最後一個地點（茶几）上的編碼是「狐狸、救生圈」，對應的數字是5193，你只需要從後往前念成「3、9、1、5」就行。是不是很簡單？

掌握了記憶宮殿記數字的方法，你可以嘗試一下記八十個數字。如果你對數字編碼足夠熟練，同時又能找到更多的地點椿，那你可以嘗試記更多數字，例如一百個、

二百個。說不定在幾分鐘內就能記下來了呢！

　　使用記憶宮殿的方法記沒有規律信息，是最快最有效的，記憶大師和最強大腦選手在進行記憶表演時，主要就是使用記憶宮殿法。因為它既減少了串聯聯想的難度，同時又加入了空間記憶的功能，圖像記憶與空間記憶雙管齊下，大大提升記憶效率。另外，地點樁的數量可以不斷增加，足以輕鬆應付大量沒有規律信息的記憶。因此，當你遇到大量沒有規律信息需要記憶時，記憶宮殿往往是首選的方法。

● 環球記憶錦標賽：兩分鐘記一副撲克牌

　　與沒有規律數字一樣，撲克牌也是競技記憶比賽的基本項目之一，有助訓練我們的快速聯想能力，讓我們大腦的想像速度變得更快。

　　想快速地記住一副撲克牌，自然也離不開記憶宮殿的方法。

　　運用記憶宮殿來記憶撲克牌，方法其實跟數字記憶是一樣的。只是撲克牌記憶多了一個從撲克牌轉化為數字的步驟。

　　一副撲克牌把鬼牌去掉之後，是五十二張，記憶比賽通常記憶的是五十二張一副的撲克牌。五十二張牌，需要準備二十六個地點樁。進行記憶的時候，在每個地點上放兩張牌的圖像，把這兩張牌的圖像與地點進行緊密的聯結。回憶的時候，把這二十六個地點在大腦中過一遍，就能快速地回想起相應的五十二張撲克牌。

　　接下來，我們會向大家詳細介紹，怎樣運用記憶宮殿來快速記住一副撲克牌的具體訓練方法。

撲克編碼方案

　　用於記憶比賽的撲克牌通常是五十二張（去掉兩張鬼牌），其中包括四十張數字牌和十二張人物牌。撲克牌看起來是抽象的，我們通常會把每張牌轉化為一組數字，然後就可以把撲克牌當成數字來進行記憶了。

四十張數字牌，所對應的數字方案為：

黑桃代表十位數的 1（黑桃的下半部分像「1」）；

紅心代表十位數的 2（紅心的上半部分是兩個半圓的弧形）；

梅花代表十位數的 3（梅花由三個半圓組成）；

階磚代表十位數的 4（階磚有田四個尖角）。

例如黑桃 1 代表 11，黑桃 2 代表 12；紅心 1 代表 21，紅心 2 代表 22，梅花 3 代表 33，階磚 4 代表 44，如此類推。

對於數字為 10 的牌，可當作 0，即黑桃 10 代表 10，紅心 10 代表 20，梅花 10 代表 30，階磚 10 代表 40。

根據以上方案，數字牌需要用到的數字編碼包括 10 ～ 49 共 40 個編碼。

接下來是四種花色的人物牌，建議 J、Q、K 分別代表十位數的 5、6、7，黑桃、紅心、梅花、階磚分別代表個位數的 1、2、3、4。那麼，黑桃 J 所對應的數字為 51，紅心 Q 所對應的數字為 62，梅花 K 所對應的數字為 73，階磚 K 所對應的數字為 74，以此類推。

那麼，人物牌需要用到的數字編碼包括 51、52、53、54、61、62、63、64、71、72、73、74。

52 張撲克牌對應的數字分別如下：

	♠	♥	♣	♦
A	11	21	31	41
2	12	22	32	42
3	13	23	33	43
4	14	24	34	44
5	15	25	35	45
6	16	26	36	46
7	17	27	37	47
8	18	28	38	48
9	19	29	39	49
10	10	20	30	40
J	51	52	53	54
Q	61	62	63	64
K	71	72	73	74

當然，把抽象撲克轉化為生動圖像的方案不止一種，每個人都可以用自己喜歡的方式來把抽象的撲克轉化為數字編碼。

掌握了撲克牌的圖像編碼之後，就可以開始進行撲克記憶訓練。撲克記憶訓練主要分為讀牌、聯牌和記牌三個部分。

讀牌

一副撲克五十二張，一張一張地把牌推開，每推開一張牌，要快速地回憶出相應的編碼，這個過程叫讀牌。

推牌的方式為左手握牌，用左手大拇指把每一張讀完的牌推給右手，推牌的時候

要完整顯示出牌面左上角的圖示。如果不進行記憶，勻速推完一副牌通常可以在二十秒內完成。

剛開始讀牌時，每張撲克可能需要先轉換為相應的數字，然後才能回憶出編碼圖像。熟練到一定程度之後，看到撲克左上角的圖示，就能直接回憶出相應的編碼圖像。

起初在進行讀牌時，可以讀出聲音，要求快速、流暢。到熟練之後，就不必讀出聲，直接在腦海中反映圖像就可以了。

讀牌訓練的目的，是為了能把抽象的撲克快速轉化為生動的圖像。剛開始讀牌時可以把五十二張牌分成二至四組進行練習，在讀牌的過程中找出那些出圖速度較慢的牌，把它們抽出來單獨練習，直到完全熟練為止。

聯牌

通過讀牌訓練，看到每張撲克，能快速回憶出相應的編碼圖像之後，就可以進行聯牌訓練。

聯牌訓練，是指對任意兩張撲克牌通過額外的動作進行聯想，看到第一張牌，就能回憶起第二張牌。一副牌五十二張，兩兩聯想的話，就有二十六組聯想。這是對聯想能力的訓練，主要訓練的是牌與牌之間進行快速緊密聯想的能力。

一副打亂順序的撲克牌，假設排列順序為：紅心 2、方塊 4、黑桃 3、梅花 6、方塊 5、黑桃 2……

聯牌訓練，就是將紅心 2（22）與方塊 4（44）進行聯想（鴛鴦跳到獅子身上），黑桃 3（13）與梅花 6（36）進行聯想（醫生在給山鹿動手術），方塊 5（45）與黑桃 2（12）進行聯想（師父給嬰兒念經），其餘的牌就按照這種方式繼續進行兩兩聯想。

一副牌的聯想結束之後，推出第一張牌（紅心 2），看看能不能回憶出第二張牌（方塊 4）；然後推出第三張牌（黑桃 3），看看能不能回憶出第四張牌（梅花 6）；推出第五張牌（方塊 5），能不能回憶出第六張牌（黑桃 2），如此類推。

通過訓練，能夠在一分鐘左右完成一副撲克的聯牌訓練後，就可以進入真正的記牌環節。

記牌

一副撲克牌是五十二張，通常我們會在一個地點上放兩張牌的圖像，因此，記憶一副撲克牌，需要用到二十六個地點。

在進行記憶的時候，我們先把二十六個地點準備好。這二十六個地點，前面的二十個地點最好是五個或十個一組，而最後的六個地點可以作為一組。這樣在記憶或回憶的時候，就不容易出現地點錯漏的情況。

在進行記牌之前，要把二十六個地點按順序回憶幾遍，確保這些地點能夠輕鬆快速地回憶出來，然後再開始記憶。

在記憶的時候，兩張牌一組，按順序放到相應的地點上，然後進行生動的聯想，讓兩張牌在相應地點上進行緊密的聯結。

兩張牌放在一個地點上的時候，有一個地方需要注意，就是要區分哪張牌在前，哪張牌在後。

區分的方法有兩種，一種是通過動作來區分，前面那張牌設定為主動動作，後面那張牌則是被動動作。假設窗戶上要放黑桃 1（11- 筷子）和紅心 1（21- 鱷魚）兩張牌，就可以這樣想：我用筷子戳破了窗戶，結果戳到了窗戶後面那隻鱷魚的眼睛。這裏，筷子是主動動作，而鱷魚是被動動作。

另一種是通過空間位置來進行區分。例如按「上—下」、「外—內」等方位來區分哪張牌在前、哪張牌在後。假設冰箱的地點要放梅花 6（36- 山鹿）和方塊 6（46- 石榴），可以這樣想：山鹿用頭上的角戳開了冰箱門，結果從冰箱裏滾出了很多石榴。這裏，前面的梅花 6（山鹿）放在冰箱外，而後面的方塊 6（石榴）則放在了冰箱裏面。

在快速記憶的時候，我們很難想像太多的細節，主要是抓住圖像的動作特徵，

以及圖像所帶給我們的情緒感受。剛開始的時候，我們往往會使用比較豐富、誇張的圖像，但是隨着記憶水準的整體提高，畫面會愈來愈簡潔，也不再需要關注過多的細節了。甚至，只需要把兩個圖像往地點上一放，不需要太多互動，也能牢牢記住。那個時候，我們的記憶力就得到了很大的提升，當我們要記一副撲克牌，也就變得更輕鬆了！

有興趣的朋友可以挑戰一下，每天花一點時間來進行訓練，看看多久之後能夠在兩分鐘之內記住一副撲克牌？

能夠輕鬆記住一副撲克牌之後，還可以進一步挑戰連續記憶多副撲克牌（例如連續記憶十副以上的撲克牌），這能大大提升我們的記憶力和專注力。

按 2019 年環球記憶錦標賽，獲得「環球記憶大師」榮譽稱號的三個標準是：

兩分鐘之內記住一副撲克牌；

一小時之內記住十副或以上的撲克牌；

一小時之內記住一千個或以上沒有規律數字。

這三大記憶競技專案，都需要記憶宮殿才能完成。歡迎大家多練習記憶宮殿，挑戰大腦極限！

chapter 04

能力篇

圖像記憶是如何實現

全面提升學習能力的

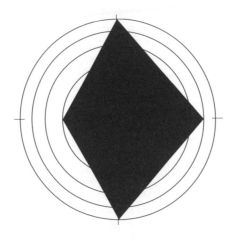

圖像是判定理解與否的指標

　　大部分的學習能力,都與圖像高度相關,例如理解能力、邏輯思維能力、專注力等等。接下來,我們會詳細講解圖像在各種學習能力中是有着哪些作用。

　　對於學習來說,理解是一個非常重要的環節。老師在課堂上教授完一個重要的知識後,經常會問:「同學們,理解了嗎?」同學們就會齊聲回答:「理解了!」然而在做作業或者考試的時候,就會發現很多同學其實並沒有理解。

　　那麼,怎樣才能讓同學們有效理解知識?或者,我們在學習的時候,怎樣才能提升理解效率?那就要先弄明白,甚麼是「理解」。

● 理解的過程,就是在大腦中形成圖像的過程

　　對於「理解」這個概念,普通的解釋是:懂、了解、明白。稍微詳細一點的解釋是:從道理上了解;順着脈理或條理進行剖析。

　　這些解釋,並沒有說清楚「理解」是一個怎樣的過程。也沒有具體地描繪,當「理解」這個事情發生的時候,大腦是怎樣活動的。

　　其實,理解的過程,就是大腦形成圖像(畫面)的過程。

　　例如這句話:太陽西升東降。

這句話你能不能理解？怎樣理解？如果死記硬背，不理解，讀幾遍背下來了，這沒甚麼意義。如果要去理解，你就會在大腦中展開想像：太陽從西邊升起來，然後從東邊落下去。

這麼一想，你就會發現有問題：大腦想的畫面跟實際發生的畫面是相反的。這樣，你就立刻知道這個說法是錯誤的。正確的說法應該是：太陽東升西降。

當你發現這句話的問題時，就說明你理解了。你是怎樣發現這句話的問題？就是要在大腦中想像畫面、要在大腦中構想圖像。

又如《論語》裏的這句：「子於是日歌，則不哭。」意思是：孔子在那天唱過歌之後，就不會哭。

這說的是甚麼呢？唱過歌之後為甚麼就不能哭？你得要去想像一下生活中的畫面：自己早上剛在卡拉 OK 裏唱過一首歌，很開心；下午發生了一件令人傷心的事情，那你會不會哭？肯定會呀！

這麼一想，就發現這句話有問題，要麼是孔子的做法有問題，要麼就是這句話寫錯了。

事實上，確實是寫錯了，正確的應該是：「子於是日哭，則不歌。」意思是：孔子因為某件傷心事哭過之後，當天就不再唱歌。心情還處於哀傷的狀態，因此當天不會進行娛樂。這樣的說法就符合人之常情。

你只有根據文字的內容展開想像，大腦中有了圖像（畫面），才知道這段文字究竟表達着甚麼意思，這樣才算是懂了、明白了、理解了。

因此，理解的過程，就是在大腦中進行圖像化的過程。

圖像形成完整，就能完全理解；圖像形成不完整，就似懂非懂；完全沒有圖像，那就根本沒法理解。

生活中常常會出現問路的情況，如果你要去某個地方，別人告訴你前進的路線，

你在大腦中就會構想走這條路線的畫面，當你大腦中構想的畫面是完整的，即使某條路線可能跟別人告訴你的相反（例如別人說的是往左，你大腦中想到卻是往右），你就覺得自己理解了。

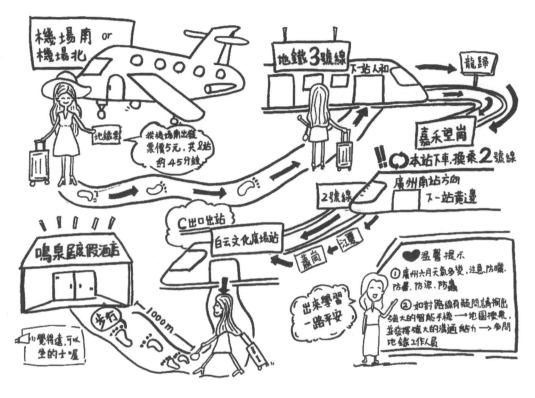

圖 4-1　路線圖塗鴉記憶示意

但如果說完之後，你大腦中的畫面模糊了，有些路線忘記了，連不起來了，那你就只好請對方再說一遍，直到路線在你的大腦中變得清晰完整為止。如果說了兩三遍，大腦中還連不成完整的畫面，那恐怕只能請對方把路線畫出來。

如果你能把畫出來的路線圖在大腦中想幾遍，然後把大腦中的圖記住，那麼，路線圖就可以扔掉了。如果記不住，那就只能拿着圖上路，邊走邊看。

● 理解記憶，是圖像記憶的一部分

我們在進行學習的時候，其中一個非常重要的環節，就是根據學習的內容，盡量在大腦中構想生動、活潑的畫面。這樣做，既能促進理解，也能促進記憶。這種記憶方式就是理解記憶，它同時也是圖像記憶的一部分。

圖像記憶法的運用，首先要對記憶資料展開想像，這個過程，也就是理解的過程。我們看這段文字：

小明的奶奶做了五個饅頭，小明爸爸吃了一個，小明媽媽吃了一個，小明吃了兩個。請問還剩下多少個饅頭？

上面這段文字，我們看一遍就能記住，為甚麼能記住？因為我們在讀的時候，會根據文字展開想像，輕鬆地記住了那些畫面，然後根據大腦中所記住的畫面，輕易地把這段文字回憶出來。這裏所使用的記憶方法，可以叫理解記憶，也可以叫圖像記憶，但肯定不是死記硬背。

再來看《鬼谷子 · 反應第二》[1] 的這段：

故知之始己，自知而後知人也。其相知也，若比目之魚；其伺言也，若聲之與響也；其見形也，若光之與影也；其察言也不失，若磁石之取針、舌之取燔骨。其與人也微，其見情也疾。如陰與陽，如陽與陰；如圓與方，如方與圓。未見形，圓以道之；既見形，方以事之。進退左右，以是司之。己不先定，牧人不正。事用不巧，是謂忘情失道。己審先定以牧人，策而無形容，莫見其門，是謂天神。

要記上面這段，是不是需要先理解？肯定是需要的。如果不理解，直接按聲音去讀，完全沒有圖像，那是讀很多遍也記不下來的。即使勉強記下來，一方面很容易忘記，另一方面，記着無意義的聲音組合又有甚麼意義？

要想理解這段話，其實就是要想圖像。

. . . .

[1]　鬼谷子著，陳默譯注：《鬼谷子——中華經典藏書》。吉林：吉林美術出版社，2015 年。

「故知之始己,自知而後知人也」這句,可以想像自己和身邊的人,先了解自己的各方面,然後再了解身邊的人。

「其相知也……舌之取燔骨」這句,比目魚、聲響、光影、磁石、舌頭等等,圖像較容易想像,因此也容易理解和記憶。

接下來由「其與人也微」起至結束的部分,就比較抽象了,不容易聯想到圖像和理解,因此也不容易記憶。如果有理解這段內容的人以比較生動的圖像(甚至故事)講解一下,讓我們的大腦形成圖像,那就能使我們有效理解和記憶。如果有人似懂非懂,又以另一堆抽象的詞語和概念來作解釋,那麼我們的大腦就無法形成圖像,這樣就會很難理解和記憶。

從教學上來說,如果一個老師在授課的時候,能把知識(例如詩詞、課文、各科知識)用形象生動的說語來講解,讓同學們能在大腦裏輕鬆建立圖像,那麼,就會容易理解和記憶,學習效率便會高。相反,如果一個老師在講解的時候,語言抽象,使同學們不容易在大腦中建立圖像,學習效率就會變低。

理解和記憶跟圖像息息相關,對教學的啟發是:一方面多用圖像化的語言、工具(例如圖畫、視頻等)、方式(例如塗鴉、畫圖等)來教學;另一方面教學內容要符合學生大腦圖像儲備的水平,那些較複雜的、抽象的內容要考慮學生是否容易吸收;另外,教的內容要盡量跟生活相關,能讓學生實踐出來,不停地學卻沒有用武之地,是很難有動力持續學習的。

《論語》第一句話:「學而時習之,不亦說乎!」學了的知識,要在各種不同的情況下練習、運用,這樣的學習才會有樂趣。

自學的話,如果能養成主動構想圖像的習慣,無論學的是甚麼,都盡可能去把文字轉化為圖像,那麼,學習效率就會提升。相反,如果養成了聲音記憶的習慣,遇到需要學習的資料就只是機械式的讀很多遍,那樣學習效率就會低很多。

怎樣養成主動構想圖像的習慣?除了學習圖像記憶法之外,還有一個很重要的方

法，就是多看故事類的書，例如漫畫、小說、科幻、歷史故事等等。尤其是歷史書，從故事吸引人的歷史小說開始看，慢慢打開視野、引發思考，然後探索出抽象的規律。

　　知識的累積，從本質上主要是圖像的累積。我們所學到的知識，最終都要化為生動活潑的圖像，才能讓我們較容易理解和吸收，然後實踐出來。

訓練邏輯思維必須建基於圖像

● 邏輯是深層的理解

根據作品字面的含義展開想像，這是淺層的理解。而進一步的理解，則需要找出重點，找出作品的表達邏輯。可以說，邏輯是深層的理解。

我們以劉禹錫的《酬樂天揚州初逢席上見贈》[1] 這首詩來說明：

> 巴山楚水淒涼地，二十三年棄置身。
> 懷舊空吟聞笛賦，到鄉翻似爛柯人。
> 沉舟側畔千帆過，病樹前頭萬木春。
> 今日聽君歌一曲，暫憑杯酒長精神。

怎樣理解這首詩？首先要理解每一句話的意思，也就是要對每一句話展開想像。有了畫面，自然就理解了。

「巴山楚水淒涼地，二十三年棄置身。」
想像：劉禹錫被貶到窮山惡水非常淒涼的地方，在那些地方待了二十三年，一直都回不了京城。

「懷舊空吟聞笛賦，到鄉翻似爛柯人。」
想像：他在懷念家鄉和故人的時候，只能背誦《思舊賦》來緩解思念；現在回到家鄉了，卻發現物是人非，自己像傳說中的爛柯人那樣完全融不入家鄉的氛圍。

---

[1] 于丹著：《跟于丹老師一起讀最美古詩詞》。北京：北京聯合出版公司，2013 年。

「沉舟側畔千帆過，病樹前頭萬木春。」

想像：一條河裏，沉了不少船，但其他許許多多的船還是在河裏來來往往；一片森林，有不少樹病倒了，但其他樹木還是欣欣向榮地生長。

「今日聽君歌一曲，暫憑杯酒長精神。」

想像：今天你（白居易）唱了一首詩給我聽，鼓舞了我，我也暫時憑藉手中這杯酒，振奮精神，努力奮鬥！

通過以上的想像（每個人可以根據自己的喜好做更加細緻的想像加工），我們對每句話都有了畫面感，也基本上能理解每句話的含義了。這就是淺層次的理解。

圖 4-2　《酬樂天揚州初逢席上見贈》邏輯理解圖像示意

把詩裏的每個字、每句話都理解了，是不是就代表完成了所有理解呢？不是的！這首詩表達甚麼？表達邏輯是怎樣的（先講了甚麼、後講了甚麼、分為幾個部分、圍繞甚麼中心來展開等等）？只有把這些都弄明白了，才能算是完成所有理解。

要找出作品的表達邏輯，就需要找到邏輯關鍵字。邏輯關鍵字跟前面「關鍵字聯想法」中的提示關鍵字不同，提示關鍵字可以隨便找，而邏輯關鍵字則不能隨便找。

邏輯關鍵字，是表達某個重點意思的最簡潔詞語，它有時候可以從文中找出，有時候則需要歸納才行。

例如前面的《酬樂天揚州初逢席上見贈》這首詩，我們可以按照不同的層次來找邏輯關鍵字。

首先是每句的邏輯關鍵字。

例如第一句：「巴山楚水淒涼地，二十三年棄置身。」表達的重點是甚麼？能不能用一個詞來概括？這個詞就是這句話的邏輯關鍵字（簡稱「關鍵字」）。通過想像劉禹錫的處境，他在窮山惡水的地方待了二十三年，最大的感受是甚麼？應該是「淒涼」！因此第一句的關鍵字就是：淒涼。

第二句：「懷舊空吟聞笛賦，到鄉翻似爛柯人。」這句話表達的重點是甚麼？前半句，「懷舊空吟聞笛賦」講的是他思念家鄉；後半句，「到鄉翻似爛柯人」，講的是他回到家鄉後，發現家鄉已經變得連自己也認不出來了。兩句合起來，用哪個關鍵字來概括？似乎用「滄桑」比較合適。滄海桑田，變化巨大。因此第二句的關鍵字就是：滄桑。

第三句：「沉舟側畔千帆過，病樹前頭萬木春。」這句話大家耳熟能詳，但它究竟表達了甚麼意思？恐怕很多人都沒有認真的想過。這句話的表面意思，船啊、樹啊，我們都明白。但整句話放在一起，表達的核心思想是甚麼呢？能不能用一個關鍵字來概括？這個就屬於邏輯思考了。但邏輯思考離不開圖像，我們需要在大腦中展開畫面，然後慢慢體會和感受，然後才能發現這組圖像透露出來的重點是：生機！雖然有很多船沉了、很多樹病倒了，但其他船仍然毫無畏懼地在江上行駛，其他樹仍然積極地向上生長，這展現的就是一種生機勃勃的活力。因此，第三句的關鍵字是：生機。

第四句：「今日聽君歌一曲，暫憑杯酒長精神。」表達的重點是甚麼？應該是：長精神！無論是白居易的詩歌也好，還是杯中酒也好，都能讓作者氣血奔騰，因此本句的關鍵字是：長精神！

好了，一首詩，四句話，四個關鍵字都找出來了，分別是：淒涼、滄桑、生機、長精神。

這已經有一部分邏輯了，但還不夠。要進一步思考一下，這四句應該分為哪幾個部分？

我們看一下，哪幾句之間有共同點，可以放到一起？

認真思考之後，我們覺得第一句和第二句可以歸為一部分，講的是劉禹錫以往的遭遇，關鍵字是：遭遇。

第三句和第四句可以歸為一部分，講的是劉禹錫的心態，關鍵字是：心態。

然後整首詩最重要的關鍵字（能表達作品中心思想的關鍵字）是甚麼？毫無疑問，是最後一句話的關鍵字：長精神！

通過上面的層層思考與分析，我們有了一系列的關鍵詞，然後把這些關鍵字按照邏輯關係進行排列，就有了圖4-3：

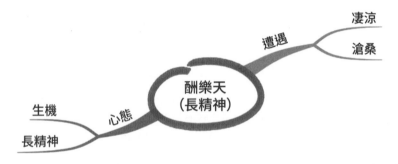

圖4-3　《酬樂天揚州初逢席上見贈》邏輯思維導圖

從圖4-3，我們再來看整首作品的表達邏輯，就很清楚了：

《酬樂天揚州初逢席上見贈》這首作品，作者想表達的中心思想是「長精神」（振奮精神）。

首先講了自己的遭遇，在外面「流浪」了二十三年，非常淒涼；回到日夜思念的家鄉，竟然發現自己成了陌生人，讓人感覺人生的滄桑。

然而，面對這樣的人生遭遇，劉禹錫的心態是甚麼呢？他回來之後，受到這個社會積極向上的氣氛感染。雖然自己老了、不中用了，但社會上還有很多青年才俊不斷努力奮鬥，這種生機勃勃的狀態深深感染了他。好友白居易用一首詩激勵了他，再加

上酒精的刺激作用，整個人立刻有了精神振奮（長精神）的感覺，也希望能夠為這個社會繼續貢獻自己的力量。

當我們通過細緻的想像、體會，找到每句的關鍵字、每個部分的關鍵字以及整首作品最重要的關鍵字之後，整首作品的表達邏輯才被我們梳理了。這個時候，才能說對這首作品有了深入、全面的理解。而邏輯關鍵字的尋找，則離不開想像的進一步發揮。因此，理解和邏輯，是相輔相成的，而其中的關鍵，則是想像（也就是圖像）。

● 右腦圖像，左腦邏輯

美國心理生物學家羅傑 · 斯佩里，通過著名的割裂腦實驗，研究並證實了「左右腦分工」理論，於 1981 年榮獲諾貝爾生理學或醫學獎。

根據羅傑 · 斯佩里的「左右腦分工」理論，左腦負責邏輯、語言、分析、推理等內容，而右腦負責圖像、想像、直覺、音樂、節奏等內容。如果從學習的功能上來看，左右腦的分工主要是這樣的：右腦負責圖像、左腦負責邏輯。

然而，左右腦之間的分工並不是完全獨立的，而是相輔相成、甚至在一定程度上可以相互替代。左右腦之間有千絲萬縷的聯繫，所以它們多數是協同工作的。

從學習上來說，孩子們從小會先發展右腦的圖像能力，所以家長為孩子講故事時他們會喜歡聽，但跟孩子講一些抽象的邏輯、規律時，他們就不願意聽了，這是因為他們的左腦還沒發展起來。等到慢慢長大了，他們就不滿足於單純的故事，而是希望從故事中聽到一些道理、了解一些規律，這個時候左腦的邏輯能力就逐漸發展了。

從左右腦發展的先後順序，我們可以明白到右腦圖像是左腦邏輯的基礎，只有右腦的圖像充分吸收了，才能從這些圖像之中慢慢找出重點、找出規律、找出邏輯，然後邏輯思維才能逐漸變得強大。離開圖像去發展邏輯，邏輯的發展就成了無源之水、無本之木。

左腦邏輯建立在右腦圖像的基礎之上，我們通過曹操的《龜雖壽》[2] 來舉例說明：

. . . .

[2]　曹操，曹丕，曹植著：《三曹詩選》。揚州：江蘇廣陵書社，2014 年。

> **神龜雖壽，猶有竟時。**
>
> **螣蛇乘霧，終為土灰。**
>
> **老驥伏櫪，志在千里。**
>
> **烈士暮年，壯心不已。**
>
> **盈縮之期，不但在天。**
>
> **養怡之福，可得永年。**
>
> **幸甚至哉，歌以詠志。**

曹操這首《龜雖壽》，通過右腦發揮想像，我們可以看到這些圖像：神龜、螣蛇（一種會飛的蛇）、老驥（馬）、烈士（有遠大抱負的人）、盈縮之期（壽命）、養怡（調養身心）、歌。

有了圖之後，我們要怎樣找出這首詩的表達邏輯呢？首先就是對上面那些圖像（關鍵字）進行歸類，看看這首詩應該分為哪幾個部分。

這首詩共七句，其中最後那句「幸甚至哉，歌以詠志」是曹操慣用的結尾，暫時可以忽略，主要分析的就是前面六句。

除了「歌」之外的前面六個圖像，我們粗略看過去，很容易就能看到，前面三個圖像「龜、蛇、馬」是動物，而後面的三個都是跟人有關。那麼就可以分為兩個部分：前面三句講的是動物，後面三句講的是人。

如果將前面三個動物歸為一個部分的話，那我們就得進一步思考，它們的共通點是甚麼、想表達甚麼內容。接下來我們就需要通過圖像去看看那三種動物的表現：

「神龜雖壽，猶有竟時」：神龜雖然壽命很長，但總會死的。

「螣蛇乘霧，終為土灰」：螣蛇雖然會騰雲駕霧，但也是會死的。

「老驥伏櫪，志在千里」：年老的千里馬雖然伏在馬槽旁，但它卻有馳騁千里的雄心壯志。

通過以上三組圖像，我們可以很容易地看到，「神龜」和「螣蛇」，它們表達的

內容是一樣的：雖然都是很厲害的神奇動物，但早晚都會死。而「老驥」所表達的內容就跟它們相反了，老馬是個普通的動物，卻有雄心壯志。

通過圖像的對比，我們發現，「老驥伏櫪」這句，不應該跟它前面的兩句歸在一起，那就很有可能是跟下面那句歸在一起。

我們再來看第四句「烈士暮年，壯心不已」：有遠大抱負的人，即使到了晚年，奮發進取的心也永不止息。我們看這組圖像所表達的含義，跟上面「老驥伏櫪」那句，其實是一樣的。

這樣看來，第一句和第二句應該屬於第一個部分，而第三句和第四句則屬於第二個部分。剩下的第五、六句：「盈縮之期，不但在天。養怡之福，可得永年。」講的是壽命長短不完全由天決定，我們只要善於調養，也同樣能益壽延年。因此這兩句是屬於第三部分。

這首詩的完整表達邏輯是：神龜和騰蛇，雖然都是神獸，壽命很長，但它們終究會死的，如果沒留下貢獻，生命價值也不大。有遠大抱負的壯士，就像老馬那樣，雖然生活環境普通、壽命也不長，但只要有雄心壯志，生命同樣可以精彩。雖然神獸的壽命長、人的壽命短，但人的壽命不完全由天註定，我們通過調養，也完全能延長壽命、讓我們的抱負在有生之年內得以實現。

圖 4-4　《龜雖壽》表達邏輯示意圖

通過前面的分析，我們可以看到，表達邏輯（規律）看起來抽象，但其實它是建立於對圖像的一步步分析、歸類、調整的基礎上。只有把圖像看清了，看到了圖像之間的共同點和差異處，我們才能把圖像進行歸類整理，然後讓抽象的邏輯浮現出來。

從這個例子我們可以得出，如果沒有訓練好構思圖像的能力，邏輯能力也難以訓練起來。當然，如果僅僅停留在圖像階段，沒有進一步把圖像進行整理、歸類、找規律的話，即使圖像能力再強，邏輯能力也難以有效發展。

圖像記憶方法的運用，一方面注重把文字進行圖像化，充分發揮右腦的圖像功能，讓我們更好地理解和記憶；另一方面也注重在圖像的基礎上找重點（關鍵字）、找規律，通過找到作品的表達邏輯來幫助我們進一步加深理解和記憶，發揮邏輯記憶的強大威力。

這種以圖像為基礎、左右腦結合的學習方式，肯定比單純靠聲音重複的死記硬背要強大得多！

大腦訓練，是需要一方面訓練右腦的圖像記憶能力，另一方面也訓練左腦的邏輯思維能力。當圖像與邏輯結合起來，才能打造出真正的最強大腦！

● 被嚴重忽視卻影響一生的表達邏輯

人們平常講到「邏輯思維、邏輯訓練」的時候，常常指的是數理邏輯，例如奧數、物理、程式設計等。甚至講到「思維訓練」的時候，也常常用來代表奧數培訓。好像思維能力、邏輯能力，都只跟數理相關。而我們日常中人與人之間語言交流、文字交流的表達邏輯反而不見了蹤影。

數理邏輯是了解物質世界規律的一種重要方式，同時也是我們發展科技、造福人類社會的重要手段。我們不能否認數理邏輯的重要性，然而，如果因為重視數理邏輯而忽略了對表達邏輯的培養，就不那麼明智了。畢竟，人生不僅是科技，還有生活、情感、交流、表達和溝通等很多重要內容。而從群體上來說，真正從事高科技的都只是少數人，相比數理邏輯，大部分人其實更需要表達邏輯。

現在看一個人是否聰明，常常看他的數理分析和計算能力（很多學校的小學升初中選拔，主要看奧數成績）。至於中國古代則是看一個人的文字表達能力（寫文章）。雖然通過文章來判斷一個人的能力肯定是有所偏頗的，但很多時候，從一篇文章之中，確實可以看出一個人的圖像能力和邏輯能力，得悉左右腦的發達程度。

中國數千年的歷史中，留下了許多圖像生動、邏輯緊密、格調高遠的作品，如果以短文來說，范仲淹的《岳陽樓記》可謂其中的佼佼者。

我們從右腦圖像和左腦邏輯的角度，來講解一下范仲淹的名篇：

岳陽樓記 [3]

慶曆四年春，滕子京謫守巴陵郡。越明年，政通人和，百廢俱興。乃重修岳陽樓，增其舊制，刻唐賢今人詩賦於其上。屬予作文以記之。

予觀夫巴陵勝狀，在洞庭一湖。銜遠山，吞長江，浩浩湯湯，橫無際涯；朝暉夕陰，氣象萬千。此則岳陽樓之大觀也，前人之述備矣。然則北通巫峽，南極瀟湘，遷客騷人，多會於此，覽物之情，得無異乎？

若夫霪雨霏霏，連月不開；陰風怒號，濁浪排空；日星隱曜，山嶽潛形；商旅不行，檣傾楫摧；薄暮冥冥，虎嘯猿啼。登斯樓也，則有去國懷鄉，憂讒畏譏，滿目蕭然，感極而悲者矣。

至若春和景明，波瀾不驚，上下天光，一碧萬頃，沙鷗翔集，錦鱗游泳；岸芷汀蘭，鬱鬱青青。而或長煙一空，皓月千里，浮光躍金，靜影沉璧，漁歌互答，此樂何極！登斯樓也，則有心曠神怡，寵辱偕忘，把酒臨風，其喜洋洋者矣。

嗟夫！予嘗求古仁人之心，或異二者之為。何哉？不以物喜，不以己悲。居廟堂之高則憂其民，處江湖之遠則憂其君。是進亦憂，退亦憂。

[3]　鍾基、李先銀、王身鋼譯注：《古文觀止》。北京：中華書局，2016 年。

然則何時而樂耶？其必曰「先天下之憂而憂，後天下之樂而樂」乎。噫！微斯人，吾誰與歸？

時六年九月十五日。

接下來的講解，雖然不是以字詞句的解釋為主，但通過圖像展現和邏輯分析，相信大家也能大致明白這篇古文的內容。

學習也好，首先需要用的是右腦，根據文字展開想像，這能說明我們有效理解文章的內容。當我們根據文字的描繪，對《岳陽樓記》這篇文章展開想像的時候，就能發現，裏面有大量的景色描寫。

例如第二段寫洞庭湖：「銜遠山，吞長江，浩浩湯湯，橫無際涯；朝暉夕陰，氣象萬千。」洞庭湖的廣闊、浩蕩、早晚光影的變化，都呈現在眼前。

第三段寫陰雨天的景色：「若夫霪雨霏霏，連月不開，陰風怒號，濁浪排空；日星隱曜，山嶽潛形；商旅不行，檣傾楫摧；薄暮冥冥，虎嘯猿啼。」用簡短精練的手法，生動描寫了雨、風、雲、船、獸等狀態。

第四段寫晴天，白天的時候「至若春和景明，波瀾不驚，上下天光，一碧萬頃，沙鷗翔集，錦鱗游泳；岸芷汀蘭，鬱鬱青青。」描寫了湖水的光影變化，小鳥、魚兒、岸邊的花草。晚上的時候「而或長煙一空，皓月千裏，浮光躍金，靜影沉璧，漁歌互答，此樂何極！」描寫了月亮及其在湖裏的倒影、漁夫的歡歌笑語。

整篇文章幾乎有一半的文字在描寫風景，描寫在各種情況下登上岳陽樓所看到的洞庭湖風景變化。文字精練、筆觸細膩，讓我們眼前很容易就能浮現各種畫面，猶如身臨其境。

去過洞庭湖的人難以計算，而對洞庭湖的描寫能如此生動、引人入勝的倒不多。拋開文字表達能力不說，至少范仲淹所描寫的，肯定是他大腦裏構想的畫面。登上岳陽樓，我們所看到的洞庭湖可能都差不多，但在大腦中經過想像加工之後，就會大有不同。這些文字，讓我們看到了范仲淹大腦中構想的畫面，或許比真實的洞庭湖更具吸引力。

　　據說，范仲淹在寫這篇文章的時候，其實尚未去過岳陽樓，他只是根據滕子京派人送來的一幅洞庭湖畫作，就構思了這篇文章、寫下了這些文字。從這裏，可以看出范仲淹具有驚人的右腦圖像能力、無與倫比的想像力。

　　如果只是寫景而沒有情感表達，是成不了流傳千古的經典文章，《岳陽樓記》表面看起來是寫了洞庭湖各種優美的景色，但更經典的是觸景生情的表達方式。

　　第三段寫完陰雨天氣之後，緊接着就拋出了許多人在陰雨天中登樓看景時常有的心態：「登斯樓也，則有去國懷鄉，憂讒畏譏，滿目蕭然，感極而悲者矣。」用一個字概括，就是「悲」！

　　第四段寫完晴天的景色之後，緊接着就引出了晴天時賞景的常見心態：「登斯樓也，則有心曠神怡，寵辱偕忘，把酒臨風，其喜洋洋者矣。」用一個字概括，就是「喜」！

　　然而，到第五段時又筆鋒一轉，范仲淹說自己所了解的古仁人的心態，不應該是悲（「不以己悲」），也不應該是喜（「不以物喜」），而是「憂」！憂國憂民，在高位的時候是憂，無權無勢的時候也是憂，總之，「先天下之憂而憂」。「憂」這個字，就是全文的中心，也就是范仲淹高度讚揚的人生境界。

　　《岳陽樓記》這篇文章，核心是表達情感，以觸景生情的手法，通過寫景引發出相應的情感。然而，在寫景和抒情的過程中，蘊含着嚴密的表達邏輯，這個邏輯，通過圖 4-5 可以看得很清楚。

　　《岳陽樓記》寫的不是岳陽樓，而是寫登上岳陽樓看到的景以及觸發的情，而整篇文章的中心是「憂」。作者的表達邏輯是這樣的：

　　第一段，開頭先交代寫作背景，為甚麼要寫這篇文章。

　　第二段，描寫了登上岳陽樓後看到的洞庭湖遼闊景象。然後話鋒一轉，引出了不同的人在觀賞景色的時候，應該會有不同的心情。「然則北通巫峽，南極瀟湘，遷客騷人，多會於此，覽物之情，得無異乎？」這是承上啟下的一句。

　　接下來第三、四段，就描寫了兩種不同的人在登樓賞景時的心態：一種是擔心別人落井下石的人，在陰雨天登樓時的悲傷心態；另一種是心胸開闊的人，在晴天登樓時的喜洋洋心態。看起來，第二種人的境界明顯比第一種要高一些。

　　然而，作者更欣賞的是第三種心態，就是無論自己的處境如何，都常懷憂國憂民之心，關心的不是自己的命運，而是國家和天下。

　　悲、喜、憂，這三種境界，是遞進關係。作者寫《岳陽樓記》，真正想抒發的是自己憂國憂民的心態，另外兩種人的悲、喜心態，能起到烘托作用。

　　通過上面的分析，我們可以清楚看到，作者范仲淹在動筆寫作《岳陽樓記》之前，在腦海中已經搭建好這個嚴密的邏輯表達體系，先有了邏輯的框架，然後再完善景和情的描寫。

　　從范仲淹《岳陽樓記》這篇文章，我們不僅看到了他無與倫比的右腦圖像能力，同時也看到了他嚴謹細密的左腦邏輯能力。這是多麼強大的一顆大腦！更重要的是，我們還看到了范仲淹「先天下之憂而憂」的情懷。

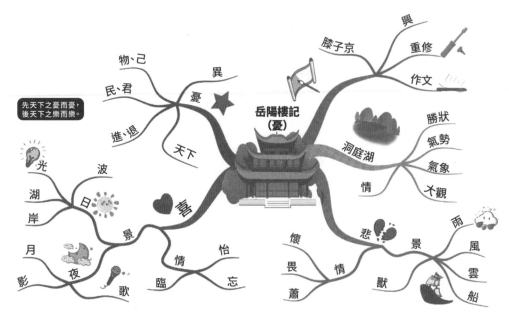

圖 4-5　《岳陽樓記》表達邏輯思維導圖

　　精煉細緻的圖像描寫、嚴謹細密的邏輯表達，再加上心懷天下的情懷，這就是《岳陽樓記》這篇文章成為經典的原因。

● 被過度強調卻幾乎浪費的數理邏輯

　　從上面的分析，我們可以看到，表達邏輯需要建立在圖像的基礎上才能進行。要把表達邏輯訓練好，不僅要訓練左腦，同時也需要訓練右腦。一個人強大的表達邏輯，是建立在整個大腦的充分訓練基礎上。

　　我們在日常工作和生活中，少不了表達自己想法和意見的時候，也不免要與人溝通和安排各種人與事，這些其實都跟表達邏輯有很大關係。如果一個人的表達邏輯能夠通過訓練而獲得有效提升，這對於他的生活和工作，都會有很大的幫助。

　　目前學校的傳統教育偏向數理邏輯，至於對表達邏輯的訓練則比較少。語文等文科，本來是訓練表達邏輯的最佳工具，但由於缺乏對大腦訓練原理和方式的了解，很多時就變成了知識的機械灌輸和答題技巧的反覆練習，忽略了大腦能力的訓練，不僅右腦的圖像能力缺乏訓練，左腦的邏輯能力也同樣缺乏訓練。

　　從整個人生的角度，數理邏輯的訓練，對於找一份高科技的工作，當然是有幫助，但工作時的溝通、管理，工作之外的生活，表達邏輯其實更為重要。對於很多並不從事高科技工作的人來說，表達邏輯的重要性就更明顯了。

　　因此，從教育的角度來看，數理邏輯對普通大眾不一定那麼有用，可以分階梯按需求來進行；至於表達邏輯則關乎每個人的思考、表達、溝通，關乎每個人的人生，是人人都需要的，應該放在更重要的位置。

　　不一定每個人都會成為數學家、科學家，不一定每個人都會從事高科技行業，但肯定每個人都需要生活、都需要表達、都需要交流。

用圖像奪回學習的專注力

● 現代人專注力下降的原因

很多人（尤其是成年人）在面對學習的時候，心情容易煩躁，坐立不安，學不了兩分鐘就不想學了，想去做其他事。似乎隨便找一件事做，都比學習更有趣。

現代人之所以很難專注在學習上，是因為現代人的專注力（特指學習方面的專注力）下降得愈來愈厲害。而專注力的下降，有着各方面的原因。

誘惑太多

手機遊戲、電腦、電視節目，這些都不斷地在搶奪人們的專注力。許多公司不斷投入大量資金，每天有無數聰明人在勤奮研發那些更好玩、更能吸引人們注意力的遊戲，想盡辦法把孩子和成人分配在學習上的時間和注意力搶奪過來。

動力不足

現在不像古時候，生活艱難，如果不好好學習，就無法出人頭地。現在許多家庭都很富裕，即使不工作，依靠父母的積蓄，也能無憂無慮地生活。能學就學一些，學不進去也無所謂。每天只是想着怎樣過得更舒適、更有趣，遇到枯燥的學習就會下意識地想要遠離，注意力自然就難以集中在學習上。

遠離學習太久

許多人走進社會之後，學習動力下降，學習時間也明顯減少，甚至會有一段很長

的時間都不去學習。一個忙於工作的人，很難找到其他夥伴來跟自己一起學習，而自己一個人，也沒有學習的心情。對於學習過的知識也會逐漸遺忘，慢慢地將不學習變成一種習慣。

瑣事太多

很多人踏出了學校校門之後，尤其是當有了孩子過後，就會發現自己的專注力大不如前，基本上連書都看不進去。這其中一個重要的原因，就是因為每天的瑣事太多，需要接觸和交流的信息太多。這個事情還沒有完成，就接觸到另一個事情；這邊的書還沒翻開兩頁，手機的短信提示、通訊軟件的信息就此起彼伏地響起；這才剛剛完結了手機通話，看手機就發現網上出現了許多有趣的資訊，一轉眼就連剛才跟誰通話、說了甚麼內容都通通記不起來。

精氣神不足

許多人作息時間不規律、缺乏運動，長期處於亞健康狀態，精神萎靡，吃不消、睡不着，學習提不起勁，專注力自然會愈來愈差。

現代人專注力下降的原因還有很多很多，而環境的浮躁，也是主因之一。在浮躁的環境中想靜下心來，當然不是一件容易的事情。

然而，無論在甚麼年代、怎樣的環境中，學習都是很重要的。想進行有效率的學習，就少不了要有良好的專注力。

• 專注往往取決於圖像所引發的興趣

專注，普通的解釋是這樣的：專心注意、全神貫注、心神專一。這樣的解釋強調了與「內心」的關係，這個沒甚麼問題，不過就忽略了專注跟大腦圖像的關係。

專注是內心狀態的一種表現，內心能量穩定在某個範圍，就容易專注；內心能量不穩定，就不容易專注。

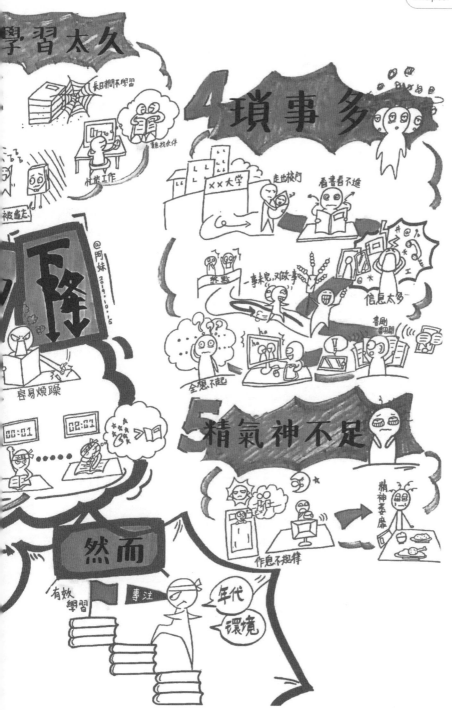

圖 4-6　專注力下降原因的塗鴉記憶

但專注同時也是大腦狀態的一種表現，大腦的圖像穩定在某個範圍內，就表示專注；大腦的圖像偏離了某個範圍，就表示不專注。

從大腦圖像的角度，可以這樣理解專注：專注就是大腦圖像長時間圍繞着某個特定主題展開想像的過程。

一個人非常專注的時候，我們常常說他「心無雜念」。心無雜念反映在大腦上，就是大腦的圖像穩定在某個主題上，並非飄忽不定。例如射箭的時候，我們心無雜念，這個時候大腦裏肯定有靶心的圖像，可能也會有箭頭的圖像、肩膀是否放鬆的圖像、身體和雙手姿勢的圖像。雖然大腦中有很多圖像，但這些圖像都是與射箭這個活動相關的，因此不算是雜念。

但是，如果大腦圖像離開了某個特定的主題，就意味着分心了。

例如我們在進行數字記憶訓練時，大腦裏的圖像都是與數字編碼、地點樁這些相關，如果某個時候忽然想到與數字記憶無關的生活瑣事，那就意味着分了心。又如我們在用數字樁記憶《長恨歌》的時候，雖然每句的圖像都不同，大腦高度活躍，從這句的圖像跳到那句的圖像，但只要是圍繞着《長恨歌》的記憶所產生的圖像，都是屬於專注的。然而，如果我們在途中突然被某個圖像勾起了往事的回憶，或者引發了某些不相關的想像，那就意味着分心了。

分辨專注還是不專注，主要是看大腦圖像是否圍繞着某個特定主題來進行。

例如在一個課堂上，大家都在認真地聽着老師講解，有一個同學卻分心了，他在入神地想着第二天即將舉行的晚會該怎樣籌劃。如果以課堂上的學習效率來衡量，這個同學是不專注的；但從另外一個角度來看，他卻一直專注在對晚會的構思與籌劃上面，對這件事情他是非常專注的。

而另外一個同學，既沒有認真聽課，也沒有沉浸在某件事情上，總是在東張西望、東摸西摸，他並沒有專注在某個特定的主題，那當然就是不專注了。

如果要說有甚麼東西能讓大部分人長時間保持專注的話，那常見的是這些：好看的小說、電視劇、電影，好玩的遊戲。為甚麼這些東西能讓大家保持專注？主要就是

精彩的畫面，以及這些畫面所引發的情緒體驗。

畫面（圖像）容易引發情緒體驗，而情緒體驗能讓我們專注。情緒體驗在內心，而圖像則在大腦，情緒與圖像有着千絲萬縷的聯繫。如果大腦裏的圖像是我們感興趣的（例如一本喜歡看的小說），那我們就容易專注；如果大腦裏的圖像是我們不感興趣的（例如一本不感興趣的專業類書籍），那就不容易專注。

關於專注，我們大致可以有這個結論：專注主要來源於興趣（內心），而大腦中的圖像則是引發興趣的常見原因。簡單地說，專注往往取決於大腦圖像所引發的興趣。

一個人保持着對學習的興趣，往往比學了多少知識更重要。因為有了興趣，在這個知識觸手可及的時代，可以隨心所欲不斷學習各種各樣自己喜歡的知識，終身學習、終身享受學習的樂趣。而如果找不到學習的樂趣，即使勉強讀了大學，讀到碩士畢業，踏入社會之後，恐怕很快就會把學習這件事情拋諸腦後了。

很多人之所以沒有學習的興趣，一拿起書就昏昏欲睡，其中的重要原因，是長時間養成了學習那些不感興趣的知識的習慣，或者長時間運用令人不感興趣的方式來學習，認為學習就是件苦差事，沒有充分體會到學習的樂趣。

孔子說：「知之者不如好之者，好之者不如樂之者。」[1]

「知之者」就是知道學習很重要但卻提不起精神去學的人；「好之者」就是能逼着自己努力去學的人；「樂之者」就是能體會到學習樂趣的人。

我們的教育體系目前在努力培養大批「好之者」，但卻很少有意識去培養「樂之者」。

怎樣培養「樂之者」？方法之一，就是提供大量他們感興趣的、有益的知識圖像。例如可以多設立閱讀課，讓孩子們有大量時間閱讀他們感興趣的書，各種健康有益的書都行。

. . . .

[1] 《語文七年級上冊》。北京：人民教育出版社，2016 年。

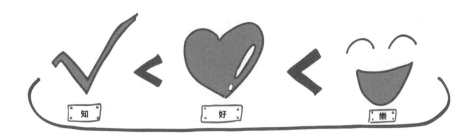

圖 4-7　專注力取決於圖像引發的興趣

在閱讀自己喜歡的書時，孩子們會積極地在大腦裏構想各種畫面，他們會被自己所構想的畫面吸引，不斷積累豐富的知識圖像，然後引發更廣泛、更深入的興趣，再進一步積累更廣博、更專精的知識圖像，最後他們就可能成為「樂之者」。學習其實就是這麼簡單。某些學科的教育也是這麼簡單：只要向孩子們提供大量的知識圖像，然後給予一定的引導、答疑解惑，提供交流、實踐、實驗的機會，就差不多了。

● 主動想像，才能真正有效提升專注力

追求享受、逃避痛苦是人的本能，學習上的痛苦雖然不是很大的痛苦，然而這是一種許多人都不願意忍受的痛苦，而且因為逃避起來太容易，因此大部分人一感覺到學習帶來的痛苦時，就會很容易選擇逃避。

當我們面對枯燥的學習資料時，經常會覺得痛苦。許多孩子之所以學不好，就是因為學習的過程比較枯燥，不夠有趣。

枯燥的原因主要有兩個：

一個是老師講得比較枯燥，本來可以講得生動有趣的內容，在有些老師的口中講出來卻味同嚼蠟。

另一個是學習的內容本身比較枯燥，即使再好的老師使出渾身解數，也很難把它們講得像故事那樣引人入勝。

　　但是無論如何，總是有各種各樣的辦法，能夠把抽象、枯燥的學習內容，變得更加有趣一些，盡可能地吸引孩子們的注意力。

　　圖像記憶方法，就是把抽象、枯燥的資料，變成生動有趣的畫面，從而讓機械、枯燥的學習變得生動有趣，因此能帶來更好的專注力。然而很多時候，大腦總會被各種各樣與學習無關、更好玩的圖像搶奪專注力，這個時候，動手畫圖，就能讓我們更專注於與學習相關的圖像之中。因此，養成動手畫圖的習慣，對於培養專注力，是非常有幫助的。

　　當我們在訓練學員的時候，主要是幫助他們運用自己的想像力，把那些抽象的、枯燥的學習資料，變得像電影、動畫那樣生動活潑，充滿圖像感，這樣一來，那些原本枯燥無味、令人生厭的學習資料，就會馬上變得生動活潑、妙趣橫生，這樣的學習自然會充滿樂趣。

　　我們在進行記憶培訓的過程中，發現有許多右腦型的孩子，他們的右腦想像力比較發達，他們喜歡生動有趣、充滿想像力的東西；對那些枯燥乏味的東西則很容易失去興趣和耐心。右腦型孩子在學校課堂上面對那些枯燥的知識時，會顯得無所適從，很難進入學習狀態。

　　然而，這部分孩子通過系統性的圖像記憶訓練之後，他們發現原來可以主動地運用想像力，把那些自己原本討厭、枯燥的東西，變成自己喜歡、生動的內容，學習熱情自然就會被調動起來，整個人的學習狀態立刻會有一百八十度轉變。

　　很多家長都發現自己的孩子有這樣的現象：他們在學習的時候總是無法集中注意力，學不了幾分鐘就會動來動去。但是，一旦把他們放在電腦前面、電視機前面的時候，他們卻能坐着幾個小時一動不動。

　　其中的奧秘就在於：動態畫面。

　　人的大腦對於動態的畫面非常敏感，活動的、有趣的動態畫面（例如電視電影節目、電腦遊戲），甚至是想像中的動態畫面（例如聽故事、看小說），都能輕鬆地抓住我們的注意力。

然而，讓孩子們坐在電腦、電視機前面一動不動，這是訓練專注力的很好方法嗎？

答案是否定的。經常讓孩子看電視劇、玩電腦遊戲，這是一種飲鴆止渴的做法，長久下去只會進一步削弱孩子們的專注力。

有許多孩子很頑皮，總是跑來跑去，或者搞一些小破壞，家長沒有那麼多時間和精力來照顧他們，於是就扔給他們一部手機或平板電腦，讓他們玩遊戲。孩子一下子就靜下來了，一動不動，也不出聲，家長就可以安心去忙其他事情。

然而長此下去，你會發現，這樣的孩子只能被那些非常生動、非常豐富的畫面或遊戲所吸引，稍微不那麼有趣的、不那麼好玩的事物，對他們的吸引力會愈來愈低。換句話說，要想讓他們靜下來，難度會愈來愈大。

而且，這樣的話孩子愈來愈難以忍受枯燥、寂寞，會變得愈來愈浮躁。當他們面對學校那些枯燥、抽象的學習內容時，就更加難以靜下心來進行學習。長此下去，他們的專注力只會愈來愈低。

在我們看電視、玩電腦遊戲的時候，我們是被螢幕裏那些生動的畫面所吸引，這個時候是在被動地發揮想像力，跟着影片導演或者遊戲設計者的想像力在走。這時我們的注意力是被動的。

這樣被動的想像和被動的注意力，對於提升我們的專注力並沒有太大的幫助。

專注力的提升，需要的是主動的想像力，讓自己的大腦轉起來發揮想像。雖然剛開始時想像力可能不夠豐富、不夠生動、不夠有趣，但是多主動去想像，我們的想像力就會愈來愈好。

在主動想像力逐漸發展的過程中，我們慢慢會具備一種強大的能力，即使給我們很枯燥、很抽象、很無趣的學習資料的時候，我們也可以輕鬆地在大腦中把它們轉化為生動有趣的畫面，從而能夠長時間地保持專注——這種才是真正有用的專注力。

　　所以，當孩子們靜不下來的時候，與其讓他們玩電腦遊戲、看電視劇，不如給他們一些能夠動手的玩具，讓他們有一個玩具可以拼、可以裝、可以拆，如果還能讓他們在這個過程中稍微動動腦（例如玩拼圖、積木、魔方等），那就更好了。

　　甚至，讓他們跑起來、跳起來，把那些多餘的能量消耗掉，當他們玩累了的時候，自然就會安靜下來。

　　如果他們願意閱讀，那就更好了。給他們一些有趣的、有益的讀物，讓他們沉浸在閱讀世界之中，這樣對於保養他們的專注力會有很大的好處。

● 關於學習，最重要的事情是維護學習的興趣

　　小孩自出生起，就開始學習各種各樣的東西。對他們來說，學就是玩，玩就是學；在學中玩，在玩中學。

　　但是隨着慢慢長大，尤其入讀小學之後，學習的東西愈來愈枯燥，學習就開始變得不那麼好玩了。而反覆玩着價值不大的東西，甚至沉迷進去（例如網絡遊戲等），也會失去了學習的價值。

　　這個時候，學與玩就開始分裂了。

　　每個孩子的智力發展有快有慢，學習能力傾向也有所不同，興趣愛好更是各不相同。然而，從小學到高中整個學習階段，所有孩子都被安排了相同的學習內容，不管孩子們是不是喜歡學、是不是願意學，每個孩子都必須學，而且學習內容的難度又很高。

　　這是造成學與玩分裂的最大原因。

　　當然，有些知識是人人都應該學而且必須學的，例如語文、數學等，我們可以統一安排給孩子們進行學習。

但是，這些學習內容，只需要佔一小部分時間就好了，不應該佔去孩子們大部分時間；也不應該把學習的難度弄得這麼高，損害孩子們的學習熱情；更不應該為了學而學、為了考試而學。

對於專長和發展方向都還沒有確定的中小學生來說，保護他們的學習興趣是第一位，學得太深、太細，都是完全沒有必要。

事實上，一門知識，在剛開始接觸的時候，都是比較有趣的，但愈往深、往難的方向去學的話，就容易打擊孩子們的學習熱情了。

例如，我們偶爾去游游泳、跳跳水，那是一種娛樂、一種享受，但如果讓你像專業運動員那樣每天跳水幾百次，那恐怕不少人寧願選擇跳樓了。

孩子們天天做那些無趣的作業和試卷做到很晚，週末沒有休息、沒時間去做自己感興趣的事情，能在這麼嚴酷的環境下還能保持旺盛的學習熱情和學習興趣的人，恐怕寥寥無幾。

不少學生在課堂上感受不到學習的樂趣，每天都是在熬日子，從早上八點一直熬到下午四點，天天到學校裏去備受煎熬，而且要熬這麼多年，想一想都會覺得不寒而慄。

讓孩子反覆面對這些枯燥無趣、晦澀難懂的知識，長此下去，扭曲的就不僅僅是孩子的心靈，還有家長的心靈和教育工作者的心靈。

很多時候，學習成績好的同學並不一定很聰明，只是他們對於所學的東西相對較感興趣。能夠從學習中找到樂趣，就較容易靜下心來學習，成績自然會好。

而那些學習成績不怎麼好的同學，並不一定不夠聰明，只是他們對於所學的東西，不是很感興趣。如果不能從學習中獲得樂趣，學習時就會心不在焉，成績自然不會好。然而，當他們遇到自己感興趣的學習內容時，說不定，他們也會學得非常出色。

真正的學習，大部分時間，應該是為了興趣而學，或者說，為了尋找自己的真正

興趣而學。我們應該多花一些時間引導孩子們根據自己的興趣來學習，引導他們慢慢找到自己的學習興趣。這樣就會愈學愈開心，愈開心愈想學。這才是正確的學習循環。

教育的失敗，是讓大多數人不知道該學甚麼，提不起學習的興趣，不知道哪些東西對自己有用、有甚麼用，導致沉浸在對物質享受的追逐之中而不能自拔。

常常看到一些家長，對於孩子的學習成績過於焦慮，孩子有一點沒有學會的、沒有弄懂的，有一兩次考試成績不如意，家長就會顯得很着急，不斷地批評、訓斥自己的孩子。或者孩子沒有認真學習、沒有認真聽課時，家長就忍不住責罵孩子。

孩子們在學校裏本來已經飽受挫折了，回到家裏還要繼續被家長打罵，許多孩子天真的童心以及學習的熱情，都會慢慢被磨滅殆盡。

這些家長並不知道，對孩子的學習來說，成績不是最重要，最重要的是要維護好孩子的學習興趣。

為了一兩次的學業成績，為了一兩個無傷大雅的學習錯誤，為了一兩門對今後人生未必有多大作用的學習科目，而磨滅掉孩子對學習的熱情，實在是得不償失。

有些孩子，性情還不穩定，不容易靜下心來學習；有些孩子，智力成熟相對晚一些，一時之間跟不上學校學習的進度；有些孩子，好勝心不是特別強，學習不太用功；有些孩子，興趣面比較廣，暫時對學校的學習不太感興趣。這些其實都不是問題，只要能夠維護好他們的學習興趣，不管他們只是對某一兩門科目感興趣也好，或者對那些與學校課程無關的內容感興趣也好，只要他們仍然保有對未知事物的探索熱情，那麼，他們總有一天會有出色的表現。

然而，如果家長眼裏只有學習成績，為了一時的學習成績而不惜摧毀孩子對學習的興趣和熱情，那麼，就等於毀掉了孩子的一生。

如果因為學習成績的原因，導致親子關係緊張，甚至引致孩子心靈扭曲，那麼，毀掉的不僅是孩子，更是整個家庭的幸福。

當我們還是小孩的時候，自由選擇的空間不大，也缺乏自主選擇的經驗和能力，學校或者家長安排我們學甚麼，我們就只能乖乖地學甚麼。

然而，當我們逐漸長大，就應該開始有意識地尋找那些讓自己感興趣的學習內容。尤其是在高中的時候，除了課本裏的知識，還應該廣泛地了解各種知識、各個學科，到了文憑試時，就應該比較有意識地選擇自己感興趣的學科。這樣到了大學的時候，才會學得更投入、更有效率。遺憾的是，現在的教育正好相反，孩子們到了高中，除了學校那幾本課本，幾乎沒有時間和精力去了解其他知識，導致考大學的時候完全不知道自己對哪個學科感興趣。

走進社會之後，我們的學習就變得更自由了，應該更廣泛地去了解社會的各個領域，進一步探索或者加深自己在某個領域的興趣。有了這樣的興趣，才能讓我們持續專注於這個領域，而有了持續的專注，才會取得更多工作成果、更多創新。

對於我們不感興趣的事情或者工作，我們是很難投入進去的，也不容易保持專注力。而如果我們選擇了一個自己感興趣的領域，專注力自然就會很容易凝聚起來。

chapter 05

應用篇

圖像記憶即將顛覆你的學習生活

記憶萬能公式

● 三大步驟：想像、聯想、找關鍵字

前面的幾個章節，我們介紹了一系列的圖像記憶方法，那麼，在遇到不同記憶情況時該怎樣靈活運用呢？

我們把所有的圖像記憶方法，融合成了一個「記憶萬能公式」，遇到任何記憶情況，都可以把這個公式拿出來，按步驟進行運用。

記憶萬能公式，只有三大步驟：想像、聯想、找關鍵詞。

想像：任何需要記憶的資料，我們首先就發揮想像，把圖像想出來。圖像記憶法運用的基礎，就是要有圖像，因此，想像是第一個步驟，用的主要是右腦。

聯想：有了圖像之後，接下來需要做的，就是把這些圖像按順序進行聯想。聯想的時候，需要加入額外的故事、動作和邏輯等，把需要記憶的圖像從前到後聯想起來。聯想的運用，很多時候是以右腦為主，有時候也需要用到左腦，因此可以說是左右腦結合進行的。

找關鍵字：如果需要記的內容比較多，把所有的內容都進行聯想，就沒有太大必要。這個時候可以找出關鍵字，關鍵字包括提示關鍵字和邏輯關鍵字兩種。找關鍵字這個步驟，左腦會運用得多一些。

記憶萬能公式的三大步驟，想像主要是右腦的功能，聯想是右腦加左腦，找關鍵字則以左腦為主。因此，這是從右腦圖像開始，慢慢向左腦邏輯過渡，最終是左右腦靈活配合運用，獲得強大的記憶效果。

這三個步驟之中，想像是基礎，沒有圖像的話後面的步驟就無法運用出來；聯想則包含了幾乎所有的記憶方法，甚至關鍵字聯想、邏輯聯想，也是包含在聯想裏面的；至於找關鍵字，是為了讓聯想變得更簡單，如果需要記憶的資料本來就是簡單的，那麼就不一定需要用到這個步驟。

幾乎所有的圖像記憶方法，都可以加入「聯想」這個步驟，例如：

畫圖記憶法、情景聯想法、關鍵字聯想法、邏輯聯想法（包括思維導圖）；

串聯聯想法、簡化法、定椿法。

在這些聯想方法之中，畫圖記憶法（包含塗鴉記憶、視覺筆記等圖像化表達方法）是最基礎的記憶方法，前面我們看到很多詩詞的例子都被畫成了圖，那些就是畫圖記憶法的運用。對於初學者，我們建議要加強畫圖記憶法的學習。雖然原則上任何記憶資料都可以在大腦中進行想像和聯想的處理，不必把圖畫出來。但對很多人來說，運用圖像記憶法的最大障礙，是聲音記憶的習慣太強大，如果不動筆畫圖，不養成想像的習慣，一不留神就會死記硬背。那樣的話，其他再好的記憶方法都用不到出來。而畫圖記憶法只要一動筆，就保證了我們大腦是處於圖像記憶的狀態中。因此，畫圖記憶法能讓我們養成把文字變成圖像的習慣，讓我們能從死記硬背的強大習慣中調整過來。

情景聯想法有故事、有情節、有想像、有聯想、有理解，甚至有邏輯，非常符合大腦喜歡看故事、看電影的吸收方式。情景聯想法，通俗一點說，就是講故事。我們的大腦對於有故事、有情節的生動圖像（例如小說、電影等）是非常容易吸收的，如果把需要記憶的內容編成一個生動的故事，無疑會大大提升記憶效率。

然而，如果遇到比較長的記憶資料，從前到後把很多內容聯想起來、編成故事，可能會比較麻煩，效率也不夠高。這個時候，就可以找出具提示性的關鍵字，運用關鍵字聯想法來進行記憶。

如果是表達邏輯比較明顯的詩詞、文章，按照邏輯來記憶，效果會更好。這個時候，就盡可能運用邏輯聯想法（含思維導圖）。而且，對於有明顯表達邏輯的記憶資料來說，邏輯聯想法能幫助我們找出作品的表達邏輯，加深對作品的理解。

串聯聯想法，就是把需要記憶的資料從前到後一個不漏地串聯起來，這可以說是最基本的圖像記憶方法之一。對於數量不太多的沒有規律信息，串聯聯想法是很好用的。

簡化法用得稍微少一些，主要適用於記憶資料不太多的簡答題。

而定椿法則主要適用於數量比較多的沒有規律資料，例如沒有規律詞語、數字、撲克牌等。

● 沒有規律資料記憶：串聯聯想法和定椿法

沒有規律資料，例如沒有規律詞語、沒有規律數字、圓周率、《三十六計》抽背、文學常識等等。對於沒有規律資料記憶，可以用串聯聯想法或者定椿法（包括數字椿、地點椿等）。

例如這樣一組沒有規律詞語：

> 大樹、窗戶、百靈鳥、空調、小狗、骨頭、獅子、垃圾桶、螃蟹、掃把、
> 白雲、星星、小孩、冰淇淋、蒼蠅、椅子、燈泡、喇叭、白兔、辣椒。

用串聯聯想法可以這樣來進行聯想：

大樹上開了一扇窗戶，窗戶裏飛出一隻百靈鳥，百靈鳥撞到了空調，空調裏蹦出小狗……

用地點椿的話就需要先準備好十個地點，每個地點上放兩個詞語的圖像。假設第一個地點是大門，可以這樣想：大門口有一棵大樹，大樹上開了一扇窗戶。剩下的可以根據自己找的地點分別進行聯想。

在我們的日常學習中，沒有規律資料記憶，所運用的場景不是很多，但也有一些，例如成語記憶、歷史年代、化學元素等。

另外，有些文章會出現一些沒有規律詞語，例如《諫逐客書》[1]裏的這段文字：

> 今陛下致昆山之玉，有隨和之寶，垂明月之珠，服太阿之劍，乘纖離之馬，建翠鳳之旗，樹靈鼉之鼓。此數寶者，秦不生一焉，而陛下説之，何也？必秦國之所生然後可，則是夜光之璧不飾朝廷，犀象之器不為玩好，鄭、衞之女不充後宮，而駿良駃騠不實外廄，江南金錫不為用，西蜀丹青不為采。

像上面那些彩色的詞語，是作者列出的一連串東西，這些屬於沒有規律詞語，如果死記硬背的話，讀很多遍也難以按順序記住。而用串聯聯想的方法，就可以輕鬆按順序記住。

例如這句：「今陛下致昆山之玉，有隨和之寶，垂明月之珠，服太阿之劍，乘纖離之馬，建翠鳳之旗，樹靈鼉之鼓。」可以這樣進行聯想：

> 秦始皇從一堆昆山寶玉（昆山之玉）之中，挑出了和氏璧（隨和之寶），用它煉成了像明月那樣的寶珠（明月之珠），把寶珠鑲嵌在太阿劍（太阿之劍）上，然後乘上纖維織成的馬（纖離之馬），拔起遠處的翠鳳旗（翠鳳之旗），插到了一面鼓（靈鼉之鼓）上。

這樣，就可以把這些毫無規律的詞語按順序一個不漏地記住了。

不過，像這種情況，在古文和文學經典裏會出現多一些，而在詩詞和現代文裏出現的概率會小一些。另外，通常的考試，考這種沒有規律詞語記憶的百分比也不是很多。

. . . .

[1] 鍾基、李先銀、王身鋼譯注：《古文觀止》。北京：中華書局，2016 年。

● 有規律資料記憶：情景聯想法和畫圖記憶法

在真正的學習和考試中，是比較少沒有規律資料的記憶需求，而有規律資料的記憶需求則比較多。像詩詞、課文、古文、各科重點內容，都是有規律的資料。

雪梅 [2]
〔宋〕盧梅坡

梅雪爭春未肯降，
騷人閣筆費評章。
梅須遜雪三分白，
雪卻輸梅一段香。

《雪梅》這首詩，寫了雪和梅花相互攀比而各有優缺點，整首詩的文字是按照一定的邏輯來展開的，而不是由沒有規律詞語所堆砌。因此，我們在記憶的時候，就不適合用串聯聯想法或者定樁法來進行記憶，而應該用情景聯想或者畫圖記憶法。

用畫圖記憶法，可以畫一幅類似這樣的圖：

圖 5-2　《雪梅》根據邏輯而展開的情景聯想

. . . .

[2]　《語文四年級上冊》。北京：人民教育出版社，2019 年。

情景聯想法或者畫圖記憶法，主要作用是把文字化成生動活潑的圖像，把記憶資料按照一個有意義的場景或故事進行記憶，雖然沒有用到記憶宮殿那些成效顯著的記憶方法，但比起死記硬背的聲音記憶，記憶效率也會高很多。

無論詩詞也好、現代文也好、古文也好，作者寫出來的作品，都是有中心、有內涵、有意義的作品，而不是由沒有規律詞語所堆砌，所以不適合用串聯聯想或者定椿法那些針對沒有規律資料的記憶方法。

● 實用記憶方法體系

沒有規律資料的記憶方法，跟有規律資料的記憶方法，是不一樣的，據此，我們可以把記憶方法分為兩大類：

一類是用來記憶沒有規律資料的，常用的是串聯聯想法、簡化法、定椿法等，這是源自托尼·博贊的競技記憶體系。

另一類是用來記憶有規律資料的，核心是記憶萬能公式，常用的是畫圖記憶法、情景聯想法、關鍵字聯想法、邏輯聯想法等，這是中國特色的實用記憶方法體系。

運用定椿法（尤其是記憶宮殿）快速記住一大堆沒有規律數字或者整副撲克牌的時候，這對沒有了解過記憶方法的人來說，或許會覺得很神奇：這麼多抽象枯燥的信息都能輕鬆記住，還能倒背如流，實在是太厲害了！

數字、撲克那些抽象沒有規律信息，死記硬背根本是難以應付的，而記憶宮殿等方法卻能輕鬆搞定，這就凸顯了這些方法的神奇，造成了記憶方法無所不能的錯覺。

然而事實上，面對有規律資料時，這些方法就不太適合了（除非是類似整本書那種大量資料需要精確記憶的情況）。因為沒有規律的記憶方法，是不需要考慮記憶資料之間的相互聯繫，尤其是定椿法，既然已經有了固定順序的記憶椿，只要把記憶資料分割成不同的小片段放到相應的記憶椿上就可以了（例如前面講的《春江花月夜》）。這樣一來，記憶資料之間的內在聯繫就被截斷了，這對理解和運用是沒有幫助的。

另外，如果運用地點樁來進行記憶，需要大量的地點。地點樁雖然理論上是無限的，但一般人很難去儲備那麼多地點。畢竟一篇課文，動不動就是幾百字、上千字，一篇課文用幾十個地點，一百篇課文就需要幾千個地點，即使是頂尖的記憶大師，也不一定有這麼多地點。

我們記憶的目的往往是為了促進理解，應該盡量用畫圖記憶、情景聯想、邏輯聯想等能促進作品整體記憶和整體理解的記憶方法，這些方法雖然看起來不神奇，但卻是非常實用的記憶方法。

對於我們學習中常常遇到的有規律資料記憶（實用型記憶），我們可以這樣說：神奇的方法不實用，實用的方法不神奇。

● 圖像記憶的運用：從看似沒有規律中找出規律

圖像記憶法的運用，不是把本來有規律的資料當作沒有規律資料去記，恰恰相反，我們應盡量從看似沒有規律之中找出規律來，通過規律來進行記憶，這樣就能減輕記憶的負擔，並促進深度理解。

有些資料，看起來好像是沒有規律的，但我們慢慢去想，其實可以發現其內在的規律。例如《諫逐客書》[3] 裏的這句：

> 所以飾後宮、充下陳、娛心意、悅耳目者，必出於秦然後可，則是
> 宛珠之簪、傅璣之珥、阿縞之衣、錦繡之飾，不進於前，而隨俗雅化、
> 佳冶窈窕，趙女不立於側也。

「宛珠之簪、傅璣之珥、阿縞之衣、錦繡之飾」這些內容，如果把它們看成是沒有規律詞語的排列，用串聯聯想法或者簡化法去記，當然也能記住，但那樣需要我們努力去進行聯想或者努力去編一句朗朗上口的話。

其實，我們只要展開想像，很容易發現這些內容是有規律的：

. . . .

[3] 鍾基、李先銀、王身鋼譯注：《古文觀止》。北京：中華書局，2016 年。

「簪」，髮簪，是插在頭髮上的；「珥」，就是我們今天說的耳環之類的東西；「衣」，穿在身上的衣服；「飾」，身上的各種飾品。這幾個東西其實是在人身上從上到下排列的：頭髮上、耳朵上、身上、衣服上。按照這樣從上到下去想，就很容易記住了，不需要串聯聯想、也不需要簡化。

又如《鬼谷子·忤合第六》[4] 中的這句：

> 是以聖人居天地之間，立身、御世、施教、揚聲、明名也，必因事物之會，觀天時之宜，因知所多所少，以此先知之，與之轉化。

「立身、御世、施教、揚聲、明名」這五個詞語的順序，是需要記住的。如果把它們當作毫無關聯的信息，把這些抽象詞語先進行圖像化，然後作串聯聯想，這個過程其實是挺麻煩、也挺痛苦的（當然，比起死記硬背還是要輕鬆一些）。但如果我們在理解的基礎上，運用情景聯想編故事的方法，就能輕鬆找出它們之間的內在規律。可以這樣來聯想：

> 小明大學畢業，學了一門專業技術（立身），然後進了一家公司，很快做到管理層（御世）。由於他所帶領的團隊業績非常出色，集團公司就安排小明給其他管理人員進行經驗分享（施教）。由於聽眾太多，會議室只能坐少部分人，而大部分人則通過廣播來收聽（揚聲）。由於小明的分享非常精彩，他很快就成了整個集團公司的名人（明名），甚至其他公司也經常請小明去分享。

這個故事本身非常符合一個人在公司裏脫穎而出的過程，符合職場發展規律。這樣來聯想，不僅容易記憶，而且也加深了對這句話的理解。

又如《中庸》[5] 裏的這句：

> 凡為天下國家有九經，曰：修身也，尊賢也，親親也，敬大臣也，體群臣也，子庶民也，來百工也，柔遠人也，懷諸侯也。

[4] 鬼谷子著，陳默譯注：《鬼谷子——中華經典藏書》。吉林：吉林美術出版社，2015 年。

[5] 王國軒譯注：《大學·中庸》。北京：中華書局，2016 年。

治理天下國家的九條準則，如果沒有找出它們的內在規律，死記硬背是很難順利記下來的。雖然串聯聯想法或簡化法能記住，但需要費一番工夫。如果我們能好好展開想像，細緻揣摩、理解，就能慢慢找到規律。

這裏的九條準則，其實可以歸納為三個部分：

修身、尊賢、親親，可以歸在家庭類。要提升自己的修養（修身），就需要向優秀的老師學習，要尊重老師（尊賢），然後就懂得怎樣更好跟親人相處（親親）。

敬大臣、體群臣、子庶民，可以歸在管理類。要把公司做好，就要尊重專家團（敬大臣），同時要體恤管理層的辛苦工作（體群臣），還要像對待子女一樣關愛員工的成長（子庶民）。

來百工、柔遠人、懷諸侯，可以歸在政策類。制定有競爭力的薪酬體系，讓更多專業人才願意加入公司（來百工）；設計一些有吸引力的活動，促進客戶與公司的感情（柔遠人）；同時制定一些釋放活力的政策，讓各個分公司或者部門擁有更大的自主權，能夠更靈活地應對市場的變化（懷諸侯）。

像上面這些例子，我們在日常的學習中會遇到很多。如果我們不在展開想像的過程中慢慢體會，就不容易找出內在的規律，然後就很有可能當作沒有規律資料來進行記憶了。

因此，在運用記憶方法的時候，應當盡量從理解的角度上來進行想像和聯想，看看能否找到潛在的規律，或者加深對規律的把握。從這個角度來看，圖像記憶對促進我們的理解，其實有非常大的幫助。

中文資料的記憶

　　記憶萬能公式，之所以說「萬能」，是因為它可以運用到一切需要記憶的情況之中。任何需要記憶的資料，都可以運用記憶萬能公式的三大步驟（或者前面兩個步驟），把圖像記憶的威力發揮出來，有效提升記憶效率。

　　我們日常所需要記憶的資料，通常可以分為三大類：中文資料、外語資料、數字資料。除了外語和數字，我們課本裏的內容，基本上都是中文資料，無論是字詞、課文、各個專業科目，甚至包括數理化等理科也少不了中文資料的記憶。

　　本書前面已經講了很多中文記憶的例子，接下來，我們再從生字、課文、演講稿等幾個角度舉例說明。

　　先來看生字的記憶。

● 巧記生字：合體字拆分 + 生字聯想

　　漢字屬於表意文字，尤其是基礎的漢字，是非常有圖像感的，例如「日、月、山、水、人、火、川」等等。

　　漢字大部分都是合體字，可以分為兩個或兩個以上的部分，例如「記、憶、腦」等等。

對於合體字的學習，傳統的教學方法也注重把字拆開來進行記憶，例如「日月明」「女子好」「弓長張」「古月胡」等。

然而從圖像記憶的角度，把字拆開來還不夠，還需要進一步聯想。

例如「碧」這個字，傳統的方法是：小王和小白坐在一塊石頭上。這是把「碧」字拆成「王、白、石」三個部分，但這三個部分跟「碧」字並沒有關聯。

運用圖像記憶法，應該是這樣聯想的：小王和小白坐在一塊碧綠的石頭上。這樣，「王、白、石」跟「碧」字就能緊密聯結起來了。

一個生字，把它拆開之後，都是熟悉的部分，然後我們把這些熟悉的部分跟原來的生字進行聯想，這樣一來，很多生字都可以輕鬆記憶。例如：

碉：碉堡的四周，都是用石頭圍起來的。
趣：多走幾步，自己去取快遞，還是挺有趣的。
鏡：這個鏡子竟然是用黃金做的。
燼：大火盡情地燃燒，把所有東西都燒成了灰燼。
箭：前面有一堆草，看看你的箭能不能射過去？
衷：言不由衷，是指某個人說的話不是從衣服中心的部位（內心）發出的。
妒：那個女孩一畢業就有了北京戶口，真讓人嫉妒。
憊：為了高考，我們整整準備了十二年，真讓人身心疲憊。
牡：有一頭牛在吃土，我走近一看，原來是在吃泥土裏的牡丹花花瓣。

有些漢字，不一定容易拆分為幾個熟悉的部分，也可以考慮用熟悉的近似漢字進行聯想，這也是運用了以熟悉記陌生（簡稱「以熟記生」）的記憶原理。例如（前面是生字，後面是熟悉的近似字）：

轎——橋：一輛轎車開上了橋。

棧——錢：這個客棧很特別，不收錢，只收木頭。

硫——流：硫酸在石頭上流淌，把石頭也腐蝕了。

暇——假：真正令人覺得閒暇的日子是暑假。

● 巧背課文：通過聯想把圖像串聯起來

在實用記憶的領域，最常見的，應該是課文記憶了。

課文，包括古詩詞、現代詩、現代文、古文等語文的內容，同樣也包括各種學科，例如歷史、地理、醫學、法律、財會、金融等，還包括演講稿、經典著作等等。

只要是一段一段的文字（包括整篇的文章、小段的文字、一個或幾個段落等），都可以納入課文的範疇，它們的記憶方法都是差不多的。第一步就是想像，把文字變成圖像。接下來，就是看看用哪種具體的聯想方法把這些圖像聯想起來。

用於背課文的聯想記憶方法，主要是畫圖、情景聯想、關鍵字聯想、邏輯聯想、定椿法等。

方法這麼多，運用的原則是甚麼呢？

可以把握一個核心的原則：無論是甚麼樣的課文，無論長短、難易，無論是現代文還是古文，首先可以嘗試用情景聯想法。因為情景聯想法是最核心的方法，把文字變成故事，是非常符合大腦吸收方式的。

在情景聯想法的基礎上，我們再來進行靈活變通。如果你是初學者，想像的習慣還沒養成，遇到短文（例如不長的詩詞、現代文、古文）就盡量多用畫圖記憶法。畫完圖還不能記住，就加上情景聯想。

如果遇到長文（例如現代詩、較長的文章），情景聯想法用起來可能有點麻煩，需要編的故事太長，不是很容易記憶。這個時候就可以考慮用關鍵字聯想法，找出適當的提示關鍵字，通過這些關鍵字把文章的各個部分記住。

如果遇到邏輯性比較強的課文，就盡量用邏輯聯想法，找出邏輯關鍵字，通過梳理文章的邏輯來進行記憶。這樣就能同時運用右腦的圖像記憶和左腦的邏輯記憶，更有利於長久記憶，也更有利於加深理解。

如果遇到更長的文章，關鍵字聯想也不好用了，而且邏輯性也不是非常強。在這

種情況下，可以適當選用定樁法（數字樁、地點樁等）。如果這樣的文章比較多，數字樁是容易混淆的，那就只能用地點樁了。

很多時候，一篇課文，好幾種方法都可以用，這個時候可以根據自己的喜好，選擇其中一種方法來進行記憶。也可以幾種方法都用，從不同的角度來多記幾遍，加深印象。

例如北宋著名詞人柳永的名篇：

《望海潮 · 東南形勝》[1]

東南形勝，三吳都會，錢塘自古繁華。煙柳畫橋，風簾翠幕，參差十萬人家。雲樹繞堤沙，怒濤卷霜雪，天塹無涯。市列珠璣，戶盈羅綺，競豪奢。

重湖疊巘清嘉，有三秋桂子，十里荷花。羌管弄晴，菱歌泛夜，嬉嬉釣叟蓮娃。千騎擁高牙，乘醉聽簫鼓，吟賞煙霞。異日圖將好景，歸去鳳池誇。

《望海潮 · 東南形勝》主要描寫了杭州的富庶與美麗，有錢塘江和西湖的自然風光描寫，也有繁華而美好的都市生活描寫。

完整的課文記憶流程，需要處理「字、詞、句、篇」這四個環節的記憶。

字，是指有些字記不住。例如「菱歌泛夜」，對有些人來說，「菱」、「泛」可能不好記，有可能會記成「唱歌之夜」，那怎麼辦？對於容易記錯的地方，我們要做的，就是加強想像，「菱歌」可以想像成農夫邊採菱角邊唱歌，要把菱角的畫面想出來。「泛」指的是泛舟，如果實在不好想，可以適當用一下諧音法，把「泛」諧音為「飯」，可以想像採菱之後回家做飯、吃夜宵。

詞，是指有些詞記不住。例如「市列珠璣」，其中「珠璣」可能容易記成「機

---

[1] 《中華經典必讀》編委會著：《中華最美古詩詞》。北京：中國紡織出版社，2012 年。

珠」；或者「重湖疊巘清嘉」，其中「清嘉」總是回憶成「美麗」。這些情況怎麼處理？做法無非也是加強想像和聯想。例如「珠璣」可以聯想到「豬肚雞」（雞和璣的普通話讀音相通），「豬」在前、「雞」在後，那就不會錯了。「清嘉」可以普通話諧音為「請假」，那麼美麗的景色，請假也要去觀賞。

句，是指整句話回憶不流暢。例如「異日圖將好景，歸去鳳池誇」，腦海中能想像到改天把這些美麗的景色，回到朝廷之後向大家誇耀一番。但相應句子的文字就是不能流暢回憶出來，那怎麼辦？做法就是加強字、詞的想像和聯想，然後把這句話裏所有的字、詞串起來。例如「異日」想不起來，就進行強化想像，可以想到在一個特別奇怪的日子；「圖」想不起來，就想像把一幅圖畫帶過去；「鳳池」想不起來，就想像朝廷那裏有個池塘，裏面養着鳳凰。這樣一點一點地進行想像、聯想，直到整句話都非常流暢地回憶出來為止。

篇，就是把整篇文章，從第一句到最後一句流暢地回憶起來。「篇」的流暢回憶，是建立在前面「字、詞、句」流暢回憶的基礎上。每一句都讀得很順口了，但是整篇的回憶就總是在某些地方卡住，這就是「記憶萬能公式」中聯想記憶法靈活運用的時候了。我們常常說「背課文」，主要就是指「字、詞、句」都熟練的情況下，怎樣把課文從前到後緊密地聯繫起來，讓我們流暢地回憶。

《望海潮·東南形勝》這篇課文，不是特別長，可以運用情景聯想法，通過故事把兩段文字中的幾個場景聯結起來（這個留給大家進行練習）。也可以按照一個個場景，用畫圖記憶法，把圖畫出來。

如果覺得畫圖和編故事麻煩，也可以用關鍵字聯想法，在充分想像、理解、熟悉的基礎上，找出各個部分的提示詞。每句找出一個提示詞，共八個關鍵字：

繁華、人家、堤、豪奢、湖、歌、千騎、誇。

然後把這些關鍵字通過串聯聯想法記住，例如可以這樣聯想：

杭州十分繁華，有十萬戶人家，家家戶戶在錢塘江的堤岸旁都擁有江景別墅，他們的生活十分豪華奢侈。閒暇的時候，他們喜歡到西湖遊玩，在湖邊唱

歌跳舞，湖邊還有一千匹馬供大家乘坐遊玩，他們喜歡向外地人誇讚自己悠閒的生活。

圖 5-3　《望海潮·東南形勝》場景的畫圖記憶法示意

把關鍵字都記住了，然後通過這些關鍵字把每一句都順利回憶出來，這樣，整篇課文就能輕鬆記住了。如果只能回憶出關鍵字而不能順利回憶原文的話，說明對原文還不夠熟悉，需要進一步通過想像、聯想的方式熟悉原文的各個句子。

《望海潮·東南形勝》這篇作品，其實具有非常強的表達邏輯，我們也可以運用邏輯聯想法，找出邏輯關鍵詞，畫成思維導圖，通過邏輯來進行記憶：

對於一篇課文，可以根據情況選擇其中一種合適的方法，也可以幾種方法同時使用。例如，我們可以先畫圖，形成穩定的圖像；然後再進行情景聯想，構思生動的故事；感覺還沒有記牢，那就再加上關鍵字聯想法；最後還想梳理好課文的表達邏輯，那就再運用邏輯聯想法。這樣幾種方法輪流用下來，整篇課文，無論是理解還是記憶，都能做到滾瓜爛熟了。

柳永的這篇《望海潮·東南形勝》，形式上屬於宋詞，但從字數上，跟長一點的古詩（例如陶淵明的《歸園田居》）以及不太長的現代文段落差不多；從難度上，跟短篇古文也有得一比，甚至理解起來比某些古文更難。因此，通過《望海潮·東南形勝》這個例子，我們對於各種形式的課文，應該運用甚麼方法來進行記憶，也會有所啟發。

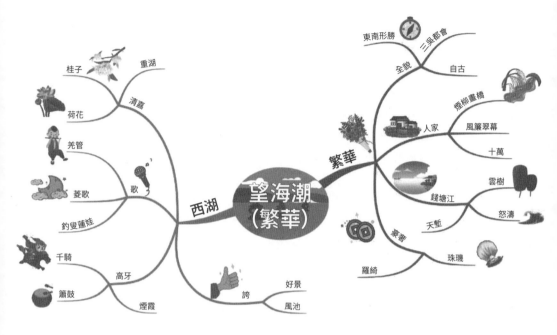

圖 5-4　《望海潮·東南形勝》邏輯關鍵字的思維導圖雖

　　古文也好，專業的科目也好（例如醫學、政治等），只要是一段一段的文字，先通過理解、想像（必要的時候運用一點諧音法），把圖像想出來，接下來聯想的方法，跟詩詞課義其實是一樣的。古文和專業科目，相比普通課文而言，只是在理解上可能會難一些，那就需要在「想像」的步驟上、在「字、詞、句」等環節多花一些工夫，把整篇文章的圖像想清楚，接下來就是根據文章的內容選擇具體的聯想方法。

● 巧記演講稿：五大聯想記憶法的應用

　　對於經常需要上台講話的人來說，如何把演講稿流暢地背下來，往往是一件令人頭疼的事情。

　　演講稿的記憶方法，其實跟課文的記憶方法是一樣的。在這裏，我們就以邱吉爾在鄧寇克撤退之後發表的演講（節選）為例，再給大家一些參考。

邱吉爾演講（節選）[2]

　　這次戰役儘管我們失利，但我們決不投降，決不屈服，我們將戰鬥到底，我們將在法國戰鬥，我們將在海洋上戰鬥，我們將充滿信心在空中戰鬥！我們將不惜任何代價保衛本土，我們將在海灘上戰鬥！在敵人登陸地點作戰！在田野和街頭作戰！在山區作戰！我們任何時候都不會投降。即使我們這個島嶼或這個島嶼的大部分被敵人佔領，並陷於饑餓之中，我們有英國艦隊武裝和保護的海外帝國也將繼續戰鬥。

　　這次戰役我軍死傷戰士達三萬人，損失大炮近千門，海峽兩岸的港口也都落入希特拉手中，德國將向我國或法國發動新的攻勢，已成為既定的事實。法國和比利時境內的戰爭，已成為千古憾事。法軍的勢力被削弱，比利時的軍隊被殲滅，相比較而言，我軍的實力較為強大。現在已經是檢驗英德空軍實力的時候到了！

　　撤退回國的士兵都認為，我們的空軍未能發揮應有的作用，但是，要知道我們已經出動了所有的飛機，用盡了所有的飛行員，以寡敵眾，絕非這一次！在今後的時間內，我們可能還會遭受更嚴重的損失，曾經讓我們深信不疑的防線，大部分被突破，很多有價值的工礦都已經被敵人佔領。從今以後，我們要做好充分準備，準備承受更嚴重的困難。

　　對於防禦性戰爭，決不能認為已經定局！我們必須重建遠征軍，我們必須加強國防，必須減少國內的防衛兵力，增加海外的打擊力量。在這次大戰中，法國和不列顛將聯合一起，決不屈服，決不投降！

　　如果是記別人的演講稿，那麼，少不了需要先進行想像、理解，在大腦中形成生動豐富的畫面。如果是記自己的演講稿，寫作的過程其實已經有了充分的想像，那麼「想像」這個步驟就可以略去，直接進入「聯想」的環節。

　　聯想記憶的方法，主要是這幾個：畫圖記憶、情景聯想、關鍵字聯想、邏輯聯想、定樁。

---

[2]　李琦編著：《影響世界的聲音》。北京：中國紡織出版社，2019 年。

演講稿通常比較長，通篇進行畫圖有點難度，但可以考慮每段選取一些重點，把重點畫出來，對記憶也非常有幫助。

情景聯想，主要是前後句子之間的聯想。現代文篇幅較長，句子與句子之間的邏輯通常能充分展開，因此大部分的聯想都不難，只需要在某些邏輯不太強的地方加強聯想就行。

雖然大部分演講稿的邏輯性都是挺強的，但畢竟文字太長、句子太多，要按邏輯把這些句子從前到後聯繫起來，也挺困難。因此，對於長篇演講稿，最常用的記憶方法，就是關鍵詞聯想法。

我們在前面的文章中為每段文字找了幾個提示關鍵詞（雖然都是很重要的關鍵詞，但不一定是最重要的邏輯關鍵詞），只要把這些關鍵字聯想起來，然後根據關鍵字的提示，就能記住每一段文字。

第一段：戰鬥——作戰——繼續戰鬥
聯想：**我們將戰鬥到底，在各個地方作戰，無論如何都要繼續戰鬥！**

第二段：我軍——法軍——比利時軍隊
聯想：**我軍傷亡很大，法軍被削弱，比利時軍被殲滅。**

第三段：空軍——損失——困難
聯想：**我們的空軍抵擋不住敵人，以後還會有更嚴重的損失，還會遇到更嚴重的困難。**

第四段：防禦性戰爭——必須——決不
聯想：**這是一場防禦性戰爭，我們必須加強防禦，決不投降！**

通過上面的聯想，我們把每一段的幾個關鍵詞都記住了（如果一遍沒記住，可以多想兩三遍）。通過這些關鍵詞，基本上也能把每一段的文字回憶起來（如果有回憶不起來的地方，可以適當加強聯想，或者多找一兩個關鍵詞）。

接下來要做的，就是把四段的內容按從上到下的順序記住。每一段找一個關鍵字（盡量找第一個關鍵字）串起來，然後再進行聯想。

四段的關鍵字：戰鬥 —— 我軍 —— 空軍 —— 防禦性戰爭

聯想：**我們將戰鬥到底！雖然我軍受到很大損失，我們的空軍也抵擋不住敵人，但這是一場防禦性戰爭，我們只要做好防禦就能堅持到勝利！**

通過這個聯想，就能順序記住每段的提示詞，至少每段一開頭要講甚麼，我們都能夠輕鬆想起來，也記住了整篇演講稿的總體框架。然後通過每段的第一個關鍵詞，把其他關鍵字回憶起來，那麼就能記住每段的大致內容。

關鍵詞聯想法的運用，讓我們把那些具有較強提示作用的關鍵詞記住，那麼，我們就可以按照這些關鍵詞進行原文複述。第一遍複述可能會漏掉一些詞語甚至一些句子，然後我們把漏掉的部分找出來，加強一下想像和聯想，接着進行第二遍複述。第二遍可能還會漏掉一些內容，再進行針對性的想像和聯想，接着再來第三遍。

這樣進行幾遍，相信就能把整篇演講稿從頭到尾背下來！

對於邏輯比較明顯的演講稿，除了關鍵字聯想法，還可以運用思維導圖。通過思維導圖，把演講稿的表達邏輯整理得更清楚，按照整體邏輯、每段邏輯來進行記憶，也是很常用的方法。

當然，還可以運用定樁法（主要是記憶宮殿）。例如前面找的那些關鍵字，總共十二個，每個地點放一個關鍵詞，只需要找十二個地點（可以分為四組地點，每組三個），就能把這些關鍵字輕鬆記住。按照地點樁的順序進行回憶，關鍵字甚至相關內容的圖像，都會輕鬆從大腦裏浮現出來。事實上，記憶宮殿在西方興起的時候，主要用於幫助記憶演講稿。到今天，我們仍然可以運用記憶宮殿，來幫助我們快速記憶演講的重點。如果有興趣，不妨試一下。

進行演講，畢竟不是背誦經典課文，不一定要完全做到一字不漏。只要把主要內容以及順序記住，在有些地方適當的進行現場發揮和調整，也是可以的。因此，演講稿的記憶，重點在於記住那些提示關鍵字，能把主要內容以及它們的順序記住就行。

如何記憶中華經典？

　　中華經典，包括經典的詩詞、古文以及儒釋道的各種經典，記憶的方法也無非是「記憶萬能公式」裏的各種聯想記憶方法，前面也舉了各種例子。這裏更強調的是整本書的記憶，比前面提到的「字、詞、句、篇」記憶，多了整本書的記憶要求，變成了「字、詞、句、篇、書」的記憶。另外，詩詞、古文的例子，前面也講了很多，本節主要講的是儒釋道等國學經典的例子。

　　其實，對於記憶方法的應用，在實用方面，除了應付考試，主要就是用於中華經典的記憶，尤其是整本經典的記憶。

● 為甚麼要記經典

　　為甚麼要記經典？因為經典裏有關於宇宙、關於人類社會、關於個人發展、關於幸福生活、關於國家治理、關於企業管理等等的無窮智慧，值得我們深入學習。

　　中華文化與西方文化的內在區別，是中華文化對宇宙根本規律、人生根本規律的探尋，也就是對「大道」根本規律的探尋。這種探尋不是理論的，而是實證的，是像尋寶那樣的尋找而不是脫離實際的思考。西方文化則很少研究這種最根本的規律，而更偏向於研究物質世界的規律，而且研究的方法是先通過思考提出各種各樣的理論和猜想，然後再去驗證。西方對於物質世界的興趣讓科學技術在西方得以率先發展起來。中華文化關注人本身、關注內在，西方文化關注物質世界、關注外在。中華文化向內，西方文化向外，這是世界文明的自然分工。

中華文化是已經知道有那麼一種宇宙大道的存在，這個大道不僅存在於宇宙萬物中，同時也存在於我們的身體內，是每個人都可以體驗和把握的。我們要做的就是通過修心、修身，讓大道的力量顯現出來。這就是《大學》裏提倡，做學問的根本方向：「大學之道，在明明德，在新民，在止於至善。」

通過自身的修行（調整自己的身、心、行為），讓被掩蓋的大道在自己身上重新得以顯現出來（明明德），同時幫助大家一起成長（新民），讓自己、讓身邊的人、讓整個社會共同往至善的境界努力（止於至善）。

中華文化對大道的探尋，就像吃蘋果，每個人吃的都是同一種味道，先吃到的人把這種味道說出來，沒吃到的人也很難體會，只能等吃到之後才能印證前人所說是對的。先嘗到味道的人希望指引其他人去品嘗那種味道，這裏只有描述、只有實證，而沒有猜想、沒有演繹。正如孔子所說的：「述而不作，信而好古。」

因此中華文化講究的是對真理的傳承，這種傳承不是像西方對宗教那種盲目的相信，而是要通過修心、修身，不斷從自身去驗證。儒、釋、道的學問都是對大道的傳承，只是每家所講的側重點不一樣而已。中華文化是對宇宙真理的探尋，中華文化的包容性，可以允許各種宗教、各種理論和平共存，而不是強迫他人接受自己的想法。

在中華文化看來，「天下為公」並不是像西方哲學那樣由某個人設想出來的理論，而是大道運行的自然表現。「大道之行也，天下為公，選賢與能，講信修睦」，中華文化提倡通過自身修煉不斷成長，賢者在位，能者在職，讓大道得以流行，讓世界獲得大同。

西方文化缺乏對大道規律的探尋，缺乏對個人修心、修身的系統方法指引，剩下的往往是對個人利益的狂熱追逐。世界發展的規律並不複雜，「道二，仁與不仁而已矣」，不往「天下為公」的方向走，自然就會走向「人人為私」。

要研究中華文化、領悟中華智慧，其中一個很好的方式，就是把中華經典背下來。

或許有人會說：能理解不就行了嗎？為甚麼還要背下來？

中華經典、中華智慧，值得每個人一輩子學習，然而，只有極少數對中華經典真正有興趣的人，才會經常主動進行學習。如果僅僅以理解為目標，那麼很多人可能咬牙把幾本經典看完，就覺得完成任務了，並沒有養成反覆閱讀、深入理解的習慣。

只看一遍，甚至只看十遍八遍，很難對經典的內容進行深入的理解和吸收。而一般人也沒有動力反覆地看，如果我們能以把整本經典背下來為目標，為了完成這個目標，就會逼着自己反覆理解、反覆記憶，這個過程中對經典的熟悉程度無疑就加深了許多。

我們可以設想一下，一個人把經典從前到後看完幾遍，就把經典放在一邊了；而另一個人每天在社交平台分享學習經典的心得。哪個人的學習效果會更好？當然是後面那個人。但即使是每天分享學習心得的人，當他把經典的每個小段的心得都分享過後，回頭一想，其實也將經典裏的內容忘得差不多了。而最後一個人，通過努力，把整本經典，在充分理解的基礎上，完全背下來了，隨便抽背哪個小段，都能對答如流。這樣比較，誰更用心學習經典？很有可能是最後那個人。

當然，學習經典，更關鍵的是有否正確理解，是否有更多的領悟，是否能幫助我們調整自己的身心行為，而不在於是否能一字不漏地背下來。但是，在同樣理解的基礎上，一個人學完就完了，另一個人卻進一步把經典背下來，誰更用功？誰對經典有更多的思考？很有可能是後者。

圖像記憶的方法，是建立在理解基礎上的記憶，為了更有效地進行記憶，我們就需要更深入地進行理解。因此，我們提倡把經典背下來，就是為了促進對經典的理解和吸收。而且，我們把經典的字句深深印在腦中，當在日常生活和工作中遇到一些問題的時候，能更容易地把經典的字句調出來進行印證和領悟，這對於學習經典會有很大的幫助。

在缺乏系統記憶方法的時候，當然很難把整本書背下來。但現在我們有了科學的圖像記憶方法體系，把一本書背下來並不難。在深入理解、充分熟悉的基礎上，順便把整本經典背下來，通過記憶促進理解，通過理解強化記憶，相得益彰，何樂而不為呢？

更何況,把經典背下來,其實是訓練大腦的最好方式。在進行經典記憶的過程中,我們的大腦得到了更好的鍛煉,我們的圖像記憶能力、我們的邏輯思考能力,都有了不斷的提升。然後我們再把更強大的大腦運用到學習中、工作中、生活中,給我們的人生帶來更大的幫助。這正是:訓練大腦,受益終生!

● 經典記憶需解決字、詞、句、篇、書的問題

整本經典的記憶,要解決「字、詞、句、篇、書」這幾個環節的問題。

字、詞、句、篇的記憶,前面也舉了很多例子。國學經典相比於詩詞、古文,在字、詞、句的理解上,往往需要多費工夫。一方面需要加強想像、理解,另一方面則需要多在生活實踐中去領悟。有些不太容易領悟的,例如《道德經》《金剛經》《易經》等,也可以在粗略理解的基礎上先記下來,留待日後有機會再慢慢加深領悟。

選擇記憶的經典時,可以考慮從字數少、容易理解的開始。尤其在記憶國學經典之前,可以多記一些詩詞、古文,詩詞、古文的積累差不多了,對於古文的文字和語法會比較熟悉,再進入國學經典的記憶,就會容易一些。

下面,我們從「字、詞、句、篇、書」的角度,各舉一些記憶的例子,供大家參考。

經典裏經常會出現一些我們非常陌生的字詞,例如《周易》裏六十四卦的卦名,初學者要全部記住也不太容易。

《卦序歌》[1]
〔宋〕朱熹

乾坤屯蒙需訟師,比小畜兮履泰否,
同人大有謙豫隨,蠱臨觀兮噬嗑賁,
剝復無妄大畜頤,大過坎離三十備。
咸恆遯兮及大壯,晉與明夷家人睽,

[1]　黃壽祺,張善文譯注:《黃壽祺,張善文譯注》。上海:上海古籍出版社,2010 年。

噬嗑解損益夬姤萃，升困井革鼎震繼，
艮漸歸妹豐旅巽，兌渙節兮中孚至，
小過既濟兼未濟，是為下經三十四。

這是朱熹編的《卦序歌》，能幫助我們更好地記憶六十四卦的順序。但首先遇到的問題是其中有些不熟悉的字詞，需要先記住，例如「噬嗑」「賁」「蹇」「夬」「姤」等。

噬嗑：含義為「咀嚼」，普通話諧音為「適合」。聯想：你咀嚼的聲音太大，好像不太適合西餐廳那種安靜的氛圍。

賁：含義為「裝飾」，普通話諧音為「壁」，近似詞為「憤」。聯想：你把我牆壁上的裝飾都拆掉了，這令我很憤怒。

蹇：含義為「不順利」，普通話諧音為「剪」，上下拆分為「寒、足」。聯想：那隻小狗今天真不順利，它的右前足塞到了岩石縫裏拔不出來了，看來只能用剪刀來幫忙了。

夬：含義為「果斷」，普通話諧音為「怪」，近似詞為「決」。聯想：我果斷地跟他決裂了，他為此責怪了我一輩子。

姤：含義為「相遇」，普通話諧音為「夠」，近似詞為「近」。聯想：我跟那位王后相遇了，這真是一場完美的邂逅，可是王后卻覺得我們見一次面就夠了。

其實對於經典來說，需要反覆閱讀、反覆熟悉，在這個過程中，即使不用甚麼記憶方法，那些陌生的字詞經過多次的重複，也是能記住的。但運用記憶方法，能讓我們更快地記住，而且不容易忘記。

字詞熟悉了，就開始句子的記憶。《卦序歌》朗朗上口，死記硬背讀個幾十遍、幾百遍應該也能記下來。但如果靈活運用圖像記憶的方法，就能讓我們提升記憶的效率。

圖像記憶的運用，首先要有圖像。而圖像的產生，一種方式是按照文字的含義去想圖像，另一種方式是用諧音法。

有些人喜歡用諧音法，例如「剝復無妄大畜頤」這句，普通話諧音為「伯父勿忘大蜥蜴」（伯父，你下次不要忘記給我買一隻大蜥蜴）。這樣想圖像相對容易一些。

但是，我們建議少用諧音法，應盡量按照文字的含義去想圖像。例如同樣是「剝復無妄大畜頤」這句，我們可以根據這裏「剝」「復」「無妄」「大畜」「頤」這五卦的含義，組織一個場景來展開想像。

例如可以這樣想像：

> 我家那棵果樹，我把樹皮剝掉之後，很快又重新長出來了，如此重複了幾次，我終於意識到那是棵神奇的樹，以後再也不能做這樣膽大妄為的事情了（無妄）。我要好好照顧它，等它結出很多果子，我用一個大箱子把這些果子蓄積起來（大畜），就可以讓我頤養天年了。

根據經典的含義去想圖像，確實不太容易，需要慢慢去理解，慢慢去想像，這比諧音法難一些。但這對加深經典的理解，是非常有幫助的，每多一遍記憶就能多一遍理解。畢竟經典記憶的目的，不是記下來就完了，而是為了促進理解。

當然，如果按照含義產生的圖像也不太好記，那麼在理解的基礎上，再運用諧音法鞏固一下，也是可以的。

經典裏有不少難記的句子，例如《道德經》第八章[2] 裏的這句：

> 居善地，心善淵，與善仁，言善信，政善治，事善能，動善時。

這句裏包含七個小分句，其內在邏輯不那麼明顯，怎樣記下來？

首先，要對每個小句進行理解記憶：

「居善地」，要居住在合適的地方；「心善淵」，內心要像深淵那樣能包容；「與善仁」，與人交往要以仁愛為本……

. . . .

[2] 饒尚寬譯注：《老子》。北京：中華書局，2006 年。

當每個小句都能理解和記憶了，接下來，就是把七個小句放在一起聯想。這個時候可以考慮用簡化法。

「居、心、與、言、政、事、動」，這七個字，可以普通話諧音為一句話：「居心、語言、正式動」，聯想：你是何居心？竟然說出這樣的語言，還想正式動手？

有了這句話的提示，把七個小句按順序回憶出來，就不是難事了。

《孫子兵法 · 九地篇第十一》[3] 裏也有類似的一句：

> 是故散地則無戰，輕地則無止，爭地則無攻，交地則無絕，衢地則
> 合交，重地則掠，圮地則行，圍地則謀，死地則戰。

這裏講了九種不同的戰略地形，以及相應的應對措施。記憶方法也是先理解，把每種地形和對應的措施通過理解記住，然後再來記憶九種地形的順序。

九種地形的順序，同樣也可以運用簡化記憶法，把「散、輕、爭、交、衢、重、圮、圍、死」這幾個字，通過普通話諧音，組成一句容易聯想的話：「傘輕爭交，舉重氣味死」，聯想：我的傘看起來很輕，小夥伴們爭着跟我交換，其實把它舉起來的時候特別重，而且氣味難聞死了。

● 整本經典倒背如流：定樁法的示範

一本經典，無非是由許多篇（或許多段）文字所組成。例如《道德經》共八十一篇，《論語》共二十篇、五百一十二段，《孟子》十四篇、二百六十段，《孫子兵法》十三篇、七十八段。在記憶的時候，先把每一篇（每一段）進行熟練記憶，然後再通過定樁把所有的篇（段）按順序記住。

把「字、詞、句」的記憶問題解決了，接下來就到整篇（段）的記憶了。經典記

[3] 孫武著，劉智譯注：《孫子兵法——中華經典藏書》。吉林：吉林美術出版社，2015 年。

憶最難的地方,是一段文字,雖然看起來每一句都能明白,但卻不太能弄明白整段的表達邏輯,邏輯記憶很難用起來。句子與句子之間的聯想不是很順暢,想起了第一句,不一定能想起第二句。

整篇文字的記憶方法,也就是背課文的方法。一篇經典,就相當於一篇課文,記憶方法無非是畫圖、情景聯想、關鍵字聯想、邏輯聯想,偶爾用一下定樁。只是經典的理解難度往往會大一些,需要在理解上多花時間精力。句子與句子之間、段落與段落之間的邏輯關係,需要多花時間去領悟,能夠把經典的內在表達邏輯梳理清楚,是最好的記憶方法。

邏輯用不了的地方,短的篇章,可以用畫圖(針對那些容易理解、不太抽象的篇章)或者情景聯想;長的篇章,可以用情景聯想或者關鍵字聯想;如果實在太長,那就靈活用一下地點樁。

在經典的記憶中,定樁法的運用,主要是在記整本書的時候,每一篇(段)進行定樁(例如《道德經》八十一章,用八十一個樁)。而篇內,則盡量少用定樁法。

為甚麼篇內盡量少用定樁法呢?因為每一篇都是有邏輯的,定樁法把內在邏輯割裂了,因此除非逼不得已,建議盡量少用。另外,整本書運用定樁的時候,篇內再用定樁的難度會比較大,找起地點樁來會有點複雜。

整本經典倒背如流,例如《道德經》《金剛經》《孫子兵法》等,需要用到定樁法,其中主要的是地點樁。

《道德經》八十一篇,可以用八十一個數字樁(也可以用八十一個地點樁),每篇開頭的關鍵字跟相應的數字編碼進行定樁就行。例如第二十七章 [4]:

> 善行,無轍跡;善言,無瑕謫;善數,不用籌策;善閉,無關楗而不可開;善結,無繩約而不可解。
>
> 是以聖人常善救人,故無棄人;常善救物,故無棄物。是謂「襲明」。

[4] 饒尚寬譯注:《老子》。北京:中華書局,2006 年。

故善人者，不善人之師；不善人者，善人之資。不貴其師，不愛其
資，雖智大迷，是謂「要妙」。

27 的編碼是「耳機」，可以這樣聯想：

他戴着耳機聽音樂，聽得飄飄然，走路的時候都沒有留下痕跡。或者：有個人戴
着耳機，拿着扇子，在行走。

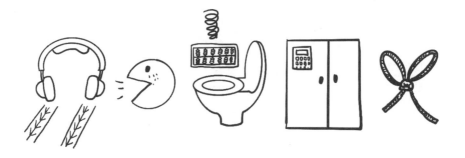

圖 5-5　《道德經》第 27 章編碼與提示關鍵字的示意

數字樁只有一套，像《三十六計》《琵琶行》《長恨歌》《弟子規》《道德經》《易
經》六十四卦等都用了數字樁，用得太多容易產生記憶混淆，因此其他經典的記憶基
本上用的是地點樁。地點樁的使用數量如下：

《金剛經》	32 個
《孫子兵法》	78 個
《孝經》	18 個
《忠經》	18 個
《大學》	20 個
《中庸》	33 個
《論語》	512 個
《孟子》	260 個

尋找地點樁，基本上是一組一組進行的，每組地點樁的數量，可以根據具體經典
的情況進行設定。

例如《金剛經》共三十二品，後面十六品基本上是前面十六品的換角度重複，而

當中基本上是每四品一組小單元。因此在找地點的時候，就可以按每四個地點作為一組來進行，總共找八組地點。

《孫子兵法》共十三篇，這十三篇篇名的順序，可以用串聯聯想或簡化法來進行記憶。然後根據每一篇的段落數來找地點。例如「計篇第一」共六段，可以找六個地點；「作戰篇第二」共八段，可以找八個地點；「謀攻篇第三」共八段，可以找八個地點……

《論語》共二十篇，這二十篇篇名的順序，可以用靈活的方法記憶，也可以另外找二十個地點來進行記憶。每篇有數量不等的段落，二十篇共有五百一十二個段落，總共需要五百一十二個地點。例如「學而第一」需要十六個地點，「為政第二」需要二十四個地點，「八佾第三」需要二十六個地點。

《孟子》篇數不多，分為七篇，每篇再分為上下兩篇，總共十四篇。《孟子》合共二百六十個段落數，比《論語》要少一些。但《孟子》的總字數是《論語》的兩倍多，因為《孟子》裏有些很長的段落，主要是對話，你一言我一語地對答，一個段落裏就包含了很多個小段。

這種長的段落，通常也只是用一個地點椿記住開頭的關鍵字，至於整個段落，無論多長，基本上都不會再用其他的地點椿了。這就相當於用一個地點記住一部長篇的古文，整篇的文字通常只能運用邏輯聯想法或關鍵字聯想法來進行。

有時候，一個段落裏面，文字內容很多，分成的小段卻不是太多（例如分為五個小段、七個小段）的情況下，可以在一個地點椿之內，進行靈活的定椿。例如有個地點椿是汽車，這個椿用來記一個大的段落，但這個段落裏有五個小段，那麼就可以分別定椿汽車中的五個部位。例如第一個是車頭燈，第二個是擋風玻璃，第三個是方向盤，第四個是後座，第五個是車尾箱。

又如有個地點是櫃子，需要記的段落裏有四個小段落，而且這四個小段落不適宜用其他方法聯想，那可以從櫃子裏找出四個部位進行定椿。例如第一個是櫃子的頂部，第二個是櫃子裏面的橫板，第三個是櫃子的把手，第四個是櫃子的右側板下方。

通過運用地點椿，把整本書各個篇章段落的順序都記住之後，就可以進行整本書

的抽背了，隨便問第幾章、第幾段，看看是否能做到脫口而出。可以從第一章背到最後一章，也可以從最後一章背到第一章。我們說整本書的倒背如流，不是從最後一個字背到第一個字（把句子倒着來背沒有甚麼意義），而是從最後一章（段），背到第一章（段）。

定樁記憶的好處，不僅僅是能夠用來進行記憶表演，更重要的是，能夠讓自己清楚地知道，哪些地方沒有背下來，哪些地方容易錯漏，可以有針對性地進行複習。另外，有了定樁法，我們就能夠脫離書本，隨時隨地進行複習，這樣就可以充分利用各種零散的時間進行學習，而不是非要坐在書桌前，非要有一本書在手上的時候才能學習。

定樁法對於提升學習效率、記憶效率，是特別有幫助的。當我們拿着一本書，從前往後看或者往後記的時候，很容易就會死記硬背，很容易就會分心，往往已經看完一章了，卻好像一點印象都沒有。但是如果運用定樁法，無論是記憶還是複習，只要想到地點樁，腦海中就會有圖像，這個時候就是在運用圖像記憶，而且能夠確保注意力不容易渙散。尤其是閉上眼睛複習的時候，按照腦海中的地點（或數字編碼）去進行回憶，圖像記憶就能自然而然地使用出來。記憶經典，可以按照從易到難的順序，從容易理解的、字數少的經典開始，然後慢慢再過渡到難理解的、字數多的經典。

經典的古詩詞，可以先記兩三百首。經典的古文，可以記五十篇、一百篇。有了這些基礎，再來進入國學經典的記憶。國學經典裏，可以先記那些字數少、容易記的，例如《心經》《清靜經》《大學》《中庸》《孝經》《忠經》等兩三千字以內的。接下來可以記《道德經》《金剛經》《孫子兵法》等五千字左右的經典。這些都記熟練了，就可以挑戰萬字以上的《論語》《孟子》。然後是《鬼谷子》《易經》《詩經》《莊子》這些難理解的。

有了這些記憶基礎，基本上儒釋道的任何一部經典，只要感興趣，都可以做到整本書倒背如流了。然而國學經典浩如煙海，不可能把每本都記下來，可以按照自己的興趣挑選一部分來進行記憶。

人的一輩子可以記憶多少部經典呢？這個有趣的問題就要留待大家來挑戰了。不過記憶經典本身不是目的，通過記憶經典的訓練來提升大腦學習能力，促進對中華經典的學習和理解，促進對中華智慧的領悟與傳承，這才是重點。

關於科學記憶法的十二問

1. 學完記憶方法就能提升記憶力嗎?

圖像記憶法提供了一種比死記硬背更高效率的記憶方式,但是,如果你學了方法之後不去使用,還是繼續死記硬背的話,記憶效率當然不會提高。如果你學了方法,但是沒有經過充分的練習,技巧掌握不熟練,效果也不會很好。記憶力是一種能力,需要經過大量的練習才能提升。這就像打乒乓球,你學了握拍和揮拍的正確姿勢,但不去練習,肯定也打不好。

2. 記憶力主要分為哪幾種?

記憶力其實分為很多種,例如與運動相關的肌肉記憶,也屬於記憶力。如果說到與課本學習有關的,主要是聲音記憶(也就是經常說的「死記硬背」)、圖像記憶、邏輯記憶、空間記憶(記憶宮殿)、情感記憶等等。

3. 記憶力好了之後是不是記甚麼都快?

在大部分人的認知中,記憶力好像只是一種單純的能力,只要它提升了,那應該記甚麼都會變得更快。事實上正如前面所說的,記憶力包括很多種,你訓練哪種,哪種的能力就提升,不訓練的就不會提升。

如果說到圖像記憶，那是跟具體的圖像轉化技巧有關的。如果我們反覆訓練數字記憶，那記數字會更快，但不意味着記中文會更快。如果我們反覆訓練中文記憶，那記中文會更快，但不意味着記英語單詞會更快。同理，記英語單詞更快了，如果沒有訓練記俄語，那記俄語也不會變得更快。

4. 圖像記憶是否也需要經常複習？

是的，圖像記憶也需要經常複習。我們常說「過目不忘」，其實是一種略微誇張的比喻。圖像記憶的效果取決於想像、聯想的效果。如果聯想的效果好，有可能只記一遍，就能牢記，不需要多次複習。但在大多數情況下，聯想效果都很難達到終生難忘的程度，所以也需要多次複習。

這就像看電影，有時候會出現一部讓你印象特別深刻的電影，看一遍就終生難忘，但大多數的電影都不會這麼精彩。然而無論如何，即使不那麼精彩的電影，記憶效果也比毫無意義的聲音記憶強得多。

5. 圖像記憶法能不能使用在英語單詞記憶上？

毫無疑問是可以的！英語單詞的記憶原理跟漢字的記憶原理類似。漢字由一筆一畫組成，而英文字母就是單詞的筆畫。例如「碧」字，共有十四個筆畫。而英語單詞 capacity（容量）的八個字母（c、a、p、a、c、i、t、y），就相當於八個筆畫。漢字按照一筆一畫的順序來記，無疑是低效率的。而英語單詞如果按照字母順序多讀幾遍來進行記憶，無疑也是低效率的。

我們漢字的圖像記憶方法，運用了「以熟記生」的原理，把漢字拆分為幾個熟悉的模組，然後再與漢字本身的含義進行聯想，這個方法可以叫作「模組聯想法」。英語單詞同樣也可以使用這樣的方法。

例如電梯裏常見的單詞 capacity，如果按照筆畫來記憶：c、a、p、a、c、i、t、y、容量，這樣來死記硬背，那不知道需要讀多少遍才能記得下來。如果按照「模組聯想法」，可以這樣來進行：

Capacity（名詞、容量）

模組：cap──帽子；a──一個；city──城市。
聯想：這頂帽子的容量驚人，竟然能容納一整個城市！

　　任何一個英語單詞，都可以從「找熟悉的單詞」「找熟悉的拼音」「找熟悉的編碼」「找熟悉的諧音」「找熟悉的特點」這五個角度，找出我們所熟悉的模組，然後再進行聯想記憶。具體可以了解「五爪金龍單詞記憶法」。

　　另外，目前市場上常見的「自然拼讀法」，針對的只是字母組合跟單詞發音之間的關係，並沒有在字母組合與詞義之間進行關聯，而單詞記憶法正好解決了字母組合與詞義之間的關聯問題。因此，單詞記憶法與自然拼讀法，是很好的相互補充。

6. 記憶法能不能用在數學學習上？

　　圖像記憶方法的運用，主要是把那些原本死記硬背的資料，轉換為圖像來進行記憶，從而提升記憶效率。數學的學習，很多時候也是基於理解的，而理解本身就是圖像化的過程。因此在數學的學習過程中，只要充分運用圖像化，數學學習就不難了。如果圖像化不充分，變成死記硬背，學起來當然會有難度。這個時候就可以把那些沒有充分理解的知識點，通過畫圖或圖形表達的方式提升理解效率，也同時提升記憶效率。

7. 記憶訓練能否提升學習成績？

　　提升學習成績主要有兩種途徑：一種是針對知識點進行反覆的查漏補缺，這是傳統的訓練方式，導致題海戰術；另一種就是提升學習效率。

　　記憶訓練首先提升的是記憶效率，然後在這個過程中，對理解能力、專注力、邏輯思維能力的提升，都會有很大幫助。可以說，記憶訓練是一種綜合學習能力的訓練。學習能力提升之後，運用到學習上，讓學習的各個環節都更有效率，學習成績自然會提升。

但是，如果只是學了一下記憶方法，但練習不夠，未能充分提升能力，那麼對學習成績的幫助就不會很明顯。

8. 圖像記憶的運用，是否會增加大腦的負擔？

有些人會有這樣的疑問：圖像記憶在原有記憶資料的基礎上，需要額外增加各種動作、故事、邏輯等聯想內容，這樣會不會增加大腦的負擔？

這個問題就像問：每天鍛煉身體，在日常的行走坐臥之外，需要增加跑步、打球、各種器械，會不會增加身體的負擔？

身體需要鍛煉，大腦需要訓練！大腦就像身體肌肉一樣，用進廢退，正確的使用，會讓大腦愈來愈強壯。圖像記憶的運用，就是非常科學的大腦訓練方式。而平常許多人習慣的死記硬背方式，是不正確使用大腦，只會讓大腦不斷退化！

9. 圖像記憶對創造力有沒有幫助？

創造力來源於想像力！正是各種豐富的想像，讓我們得以擁有源源不斷的創意。圖像記憶正是讓我們把枯燥的學習，通過發揮想像力，變得生動、有趣、好玩，而且還有各種創意！每一次死記硬背的記憶過程都是機械式的重複。而圖像記憶可以讓每一次記憶過程都跟之前不一樣！而且，同樣的記憶資料，在每個人大腦中所想像的畫面也完全不同。從這個角度來看，每一次運用圖像記憶，都是一種全新的創造！事實上，創造力強大的人，都懂得運用圖像的方式進行學習和思考。反過來，經常運用圖像記憶，必定會幫助我們變得更有創造力！

10. 圖像記憶對社會各行各業都有幫助嗎？

圖像記憶講的不僅是記憶，更是對大腦能力的科學運用。社會各個行業、各個領域，都需要學習、都需要教育（傳播優秀經驗和技能）、都需要創新。而圖像記憶能夠幫助社會各個行業提升學習效率、提升工作效率、提升創造力，最終能促進社會各行業生產力提升！

11. 所有知識都可以從網上找到，還有必要提升記憶力嗎？

無論處於哪個時代，即使是 AI（人工智慧）能代替人類做大部分事情的時代，我們也仍然需要學習知識、掌握知識。社會上的競爭，能不能找到好工作、能不能脫穎而出，這永遠都是人與人之間的競爭。學習能力更強的人，能夠在一個甚至多個領域成為專家的人，肯定比甚麼都不懂的人，會有更多、更好的發展機會。

在當今時代，網路上已經有無限的知識，但你會發現，那些沒有放進你腦海中的知識，其實跟你一點關係都沒有。你總得先掌握了某部分知識，才能更好地運用出來。例如，司機總得先掌握了駕駛方法才能開車，不可能邊看駕駛說明邊開車上路；醫生總得先掌握了醫學知識才能給病人看病，不可能診斷、開藥全靠在網上查找；律師總得先掌握了法律條款才能幫別人做辯護，不可能一無所知、全靠在網上查找，因為即使想查也不知道該從何入手。

我們提升記憶力，不僅僅是提升記憶力，更是提升整體的學習能力，而學習能力永遠不會過時！

12. 圖像記憶強化了應試教育還是素質教育？

圖像記憶是基於充分理解的基礎上所進行的記憶，對提升記憶力和理解能力都有很好的幫助，既能滿足應試的需求，同時也是素質教育的重要組成部分。應試教育需要考素質，素質教育也離不開考試，而圖像記憶正好是應試教育與素質教育之間的橋樑。

素質教育離不開能力教育和價值觀教育。其中能力教育的核心，是學習能力教育、大腦教育。而價值觀教育的核心，則是對中華經典的學習、對中華智慧的傳承。圖像記憶的應用重點是對中華經典的記憶。通過經典記憶，一方面能訓練大腦，有效提升學習能力；另一方面也能促進對經典的理解和吸收，促進對中華智慧的傳承。可以說，以圖像記憶為核心的大腦訓練，是素質教育的重要組成部分。

身體需要鍛煉、內心需要修煉、大腦需要訓練，身、心、腦同步發展，這才是完整的素質教育。

後記

後記

從記憶小白到記憶大師之路

　　大約十年前，在河南靈寶中學大操場上，我在給演講會現場給數千名師生分享記憶方法時，我問了大家一個問題：「有沒有誰曾經試過三門功課同時不及格？」現場只有一個人舉手，那就是我！

　　雖然現在的我是一個記憶大師，但是在學生時代，我卻是一個不折不扣的記憶小白。在初二上學期的期末考試中，我有三門功課同時不及格，這三門功課是：歷史、地理、生物，都只考了五十多分。這三門功課的共同特點是需要大量的記憶，而我不太喜歡死記硬背，背得頭疼就不願意背了，所以就考了不及格。

　　我爸爸對我的學業管理得很嚴格，那本有三門功課五十多分的成績冊，我不敢拿給他看。於是我就偷偷地把數字「5」加工了一下，變成了數字「8」，這樣就蒙混過關了。

　　然而到了開學需要上交成績冊的時候，我又犯難了，改動過的成績如果被班主任發現了那可怎麼辦？加工後的數字改不回來了！我思來想去，最後決定主動坦白，於是我寫了一份道歉信夾在成績冊裏交了上去。

　　很快，班主任魏老師就把我單獨叫到教室門口，對我進行了批評，隨後又表揚了我主動承認錯誤的行為，並且叮囑我以後要努力學習。

　　接下來，魏老師的一個舉動改變了我的人生！他把我的座位調整了一下，讓我跟班上成績第一名的同學坐到一起。在一個學期之內，我的成績就從班上中等變成了第

一名。從此，我的人生就開掛了！我本來就讀於粵北小縣城的連州中學，中考的時候以縣裏第二名的成績，考上了當時的市重點中學——韶關市一中。高考的時候，又以高分考進了當時的中山醫科大學（現在的中山大學醫學院），就讀臨床醫學專業。

為甚麼我跟第一名坐在一起就變成了第一名？這就是環境潛移默化的影響力。我本身的模仿能力比較強，容易受周圍環境的影響。之前跟一個成績不太好的同學坐在一起，兩個人經常說話，學習就不太認真。後來跟第一名的同學坐在一起，在不知不覺中受到他的影響：他認真聽課我也認真聽課，他看書我也看書，他做練習我也做練習，他買參考書我也買參考書。就這樣，我的成績突飛猛進，最後反而超過了他。從這點來看，古時候孟母三遷，確實是很有智慧的舉動。

我的這段經歷印證了那句話：知錯能改，善莫大焉！同時也讓我意識到，一個心中有愛的老師，能在不經意之間改變孩子的人生！這也是我後來棄醫從教的一個重要原因。

雖然我的總成績很好，但是我的記憶力卻沒甚麼起色，文科（尤其是副科）仍然是我的弱項。自從三門功課不及格之後，我就有意識地找一些講解學習方法的書，雖然找到的方法都不夠系統，但多少還是有些幫助的。尤其是高中的時候，我買了一本關於背英語單詞的書，裏面舉了很多有趣的單詞記憶例子，給了我很大的啟發，從此我背單詞就變得很輕鬆，英語成績也非常好。

在學醫的那幾年，我學得挺吃力，因為需要背誦很多醫學專業書。老師經常在課堂上提問題，總有一些學霸（尤其是女同學）站起來回答，把書裏的內容一段一段幾乎一字不漏地背出來，而我卻連這些文字在書裏的甚麼地方都找不到！因此我的考試成績大部分是六七十分上下，偶爾不及格。

雖然專業科目成績不行，但由於掌握了一定的單詞記憶技巧，我的英語成績在班上卻是數一數二的。尤其是一次專業英語考試，我的成績是班上第二名，但第一名的那個同學卻連續三次追問我為甚麼考得這麼好！因為專業英語是選修課，班上很多同學都選修了一年，而我沒有選修，最後學校卻臨時發文要求所有同學都參加考試。我在兩個星期之內，充分利用課餘時間，把那一千多個醫學專業英語詞彙背得滾瓜爛熟，輕鬆考了高分。兩個星期時間業餘自學，就能取得別人選修一年的成績，這樣的學習效果自然是令人驚訝的。

多年之後，我把各種英語單詞的記憶方法綜合起來，並加上自己的教學和實踐心得，研發了「五爪金龍單詞記憶法」，完美解決了單詞記憶的難題。

大學畢業之後，我做了兩年多醫生，然後辭職做銷售、教育培訓，希望能充分地鍛煉自己的能力。後來有機會在廣州接觸到從西方傳過來、以記憶宮殿為核心的記憶體系，從此踏上了充滿樂趣的記憶訓練和傳播之旅。我從數字、撲克記憶訓練開始，逐漸進入到中華經典的記憶，並總結研發了中國特色的實用記憶體系。

在創辦尚憶（前身是記憶力訓練網、海馬記憶，後更名尚憶）的十多年中，我們通過網路、面授等方式，把系統的記憶方法傳授給了許許多多的學員，包括中小學生、家長、白領、老年人等。同時，我們也培養了大批的記憶講師、大腦教練、記憶大師，把記憶方法、大腦訓練體系，傳播給更多有需要的人群。

在進行大腦訓練和從事大腦教育的這些年中，尤其是從自身的大腦訓練實踐中，我感悟到，其實每個人的大腦都擁有無限潛能。可惜很多人都不知道，也從來沒想過要把這些大腦潛能調動出來，可以說是身懷絕世珍寶而不自知。

記憶的革命，其實是大腦的革命。記憶力提升的同時，對理解能力、專注力、思維能力、想像力等等，都有非常好的幫助。通過圖像記憶的運用，我們開始有意識地了解大腦運作的規律，開始科學地運用大腦，釋放大腦潛能，從而大大提升學習與工作的效率。

在學生時代，記憶力是我的弱項，但在掌握了科學的方法並且經過系統訓練之後，記憶力反而成為了我超越他人的長處。這說明，有了科學的訓練方法，可以快速把自己的弱項補起來（當然也可以進一步提升自己的長處），甚至有可能成為領先他人的優勢。

對於人生來說，能充分發揮自己的長處當然很重要，但有時候我們的弱項，尤其是學習能力的弱項，還是有必要補起來的。就像我們的五臟六腑，雖然不一定要把每個器官的功能都鍛煉到最強，但至少不能讓某個器官因為衰退而拖累整個身體。大腦的學習能力也是如此，如果有學習能力的弱項，一定要想辦法補起來。

　　本書是我們多年從事大腦訓練、記憶培訓的經驗總結與實踐心得，相信能給熱愛學習、想要探索大腦潛能的人們帶來很多的收穫與啟發。其中的塗鴉和畫圖方法，手腦並用，尤其適合初學者。書中充滿創意的各種配圖，來自尚憶大腦教練團隊的辛勤努力，在此對曉婷、阿妹、孟平、林發、美雲、耿磊以及尚憶團隊所有夥伴的付出，表示感謝！

　　當然，方法與能力之間，是有很長距離的，看了書、學了方法，並不代表記憶力就有多少提升。就像我們看了健身方法說明，但還沒開始進行系統的健身訓練，肌肉當然不會馬上長起來。想有效提升記憶力，還需要大量的訓練。訓練愈多，收穫愈大！

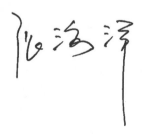

1 原理篇

大腦最喜歡的是圖像!!!

聲音的意義是文字賦予的

文字的意義是圖像賦予的

艾賓斯

擺脫艾賓斯遺忘曲線的束縛，圖像決定遺忘速度

《圖像
顛覆人生

5 應用篇

圖像記憶將顛覆你的學習生活!!!

☑ 記憶萬能公式
想像一聯想一找關鍵詞

如何記憶中文信息？

如何記憶中華經典？

??? 科學記憶法的 12 問

少須邏輯思維訓練主足圖像

方法篇

貝像信息記憶4法

抽象信息記憶3法

對應聯想

A→B 代替法

抽象   貝像

串聯聯想

省音法

數字編碼

借景聯想

關鍵詞聯想

憶——

超高效記憶術 》

主要內容

妹 2019.12.03

揭秘篇

超級記憶的核心——順序記憶

怎樣更好地記住順序

能力篇 4

何全面提升學習能力?

複雜信息記憶
——用簡化法

有順序、有圖像的信息
——用定樁法

以數字編碼作為記憶樁
——數字樁法

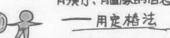

什麼是 記憶宮殿?

如何搭建與使用?

用圖像奪回

學習的專注力!!

圖像記憶——顛覆人生的超高效記憶術

張海洋 著

責任編輯	陳珈悠
裝幀設計	黃梓茵
排　　版	黃梓茵
印　　務	劉漢舉

出　　版　　非凡出版
　　　　　　香港北角英皇道 499 號北角工業大廈一樓 B
　　　　　　電話：（852）2137 2338
　　　　　　傳真：（852）2713 8202
　　　　　　電子郵件：info@chunghwabook.com.hk
　　　　　　網址：http://www.chunghwabook.com.hk

發　　行　　香港聯合書刊物流有限公司
　　　　　　香港新界荃灣德士古道 220-248 號荃灣工業中心 16 樓
　　　　　　電話：（852）2150 2100
　　　　　　傳真：（852）2407 3062
　　　　　　電子郵件：info@suplogistics.com.hk

印　　刷　　美雅印刷製本有限公司
　　　　　　香港觀塘榮業街六號海濱工業大廈四樓 A 室

版　　次　　2022 年 12 月初版
　　　　　　©2022 非凡出版

規　　格　　16 開（220mm x 160mm）

I S B N　　978-988-8808-87-8